Esther und Jerry Hicks
Wünschen und bekommen

Esther und Jerry Hicks
(Aus den Durchsagen von Abraham)

WÜNSCHEN UND BEKOMMEN

Wie Sie Ihre Sehnsüchte erfüllen

Aus dem Amerikanischen übersetzt
von Thomas Görden

Allegria

Die Originalausgabe erschien 2004
unter dem Titel AKS AND IT IS GIVEN, Part One
beim Verlag Hay House, Inc., Carlsbad, CA, USA

Allegria ist ein Verlag der Ullstein Buchverlage GmbH
Herausgeber: Michael Görden

ISBN-13: 978–3-7934-2012-5
ISBN-10: 3-9734-2012-4

Übersetzung: Thomas Görden
Umschlaggestaltung: FranklDesign, München
Titelabbildung: Shivananda Ackermann
Gesetzt aus der Sabon
Satz: LVD GmbH, Berlin
Druck und Bindearbeiten: Clausen & Bosse, Leck
Printed in Germany

Inhalt

Vorwort

von Dr. Wayne W. Dyer,
Autor des Bestsellers *The Power of Intention*

Das Buch, das Sie in Händen halten, enthält einige der wirkungsvollsten Lehren, die auf unserem Planeten heute verfügbar sind. Ich wurde sehr stark berührt und beeinflusst durch die Botschaften, die Abraham uns hier und auf den Audiokassetten mitteilt, die Esther und Jerry Hicks seit 18 Jahren aufnehmen. Und ich fühle mich tief geehrt, dass Abraham mich bat, ein kurzes Vorwort für dieses wahrhaft bahnbrechende Buch zu verfassen. Etwas Derartiges ist nie zuvor veröffentlicht worden – Sie werden sich glücklich schätzen, am Denken jener teilzuhaben, die in ständiger Verbindung zur Ur-Kraft sind. Hinzu kommt, dass diese Stimmen aus der geistigen Welt eine Sprache sprechen, die leicht verständlich ist, sodass Sie das Gelesene sogleich praktisch umsetzen können. Sie liefern Ihnen nicht weniger als eine Blaupause, die Sie in die Lage versetzt, Ihr Schicksal zu verstehen und zu formen.

Sollten Sie innerlich noch nicht bereit dafür sein, diese große Weisheit zu lesen und anzuwenden, lege ich Ihnen dringend ans Herz, dieses Buch für ein paar Wochen immer bei sich zu tragen. Lassen Sie die Energie, von der es durchtränkt ist, alle möglichen Widerstände in Ihrem Körper-Geist-System abbauen, sodass Sie in Resonanz gehen mit jenem inneren Ort, der formlos und grenzenlos ist – er wird oft die *Seele* genannt, aber Abraham spricht von der *Schwingungs-Harmonie zu Ihrer Ur-Kraft*.

Wir leben in einem Universum aus Schwingungen. Einstein stellte einst fest: »Nur, wenn sich etwas bewegt, geschieht etwas« – was besagt, dass alle Dinge in einer bestimmten, messbaren Frequenz schwingen. Wenn man die materielle Welt in immer kleinere Komponenten aufspaltet, sieht man, dass das, was wir als fest und solide wahrnehmen, in Wahrheit ein Tanz ist – ein Tanz von Teilchen und leerem Raum. Schaut man sich die winzigsten dieser Quantenteilchen an, zeigt sich, dass sie einer Quelle entstammen, die so schnell schwingt, dass die Gesetze der alltäglichen, endlichen Welt aufgehoben zu sein scheinen. Diese höchste/schnellste Energie wird Ursprungs-Energie genannt. Alle Wesen und Dinge, also auch Sie und ich, entstammen dieser Ur-Schwingung und wurden dann in die Welt von Körper, Geist und Ego versetzt. Dass wir diesen Ursprung verlassen haben, führte uns geradewegs in unsere jetzige Welt voller Probleme, Krankheiten, Mangel und Furcht.

Abrahams Lehren werden Ihnen helfen, zu dieser Ur-Kraft zurückzufinden, aus der alle Dinge hervorgehen und in die alles wieder heimkehrt. In meinem Buch *The Power of Intention* habe auch ich mich mit dem Wesen dieser Ursprungs-Energie befasst. Abraham verfügt jedoch über den Vorteil, zu hundert Prozent mit diesem Ursprung verbunden zu sein, ohne diese Verbundenheit jemals auch nur in Frage gestellt zu haben – und diese erleuchtete Weisheit begegnet uns in jedem Satz dieses Buches. Deswegen nenne ich es bahnbrechend, einen echten Meilenstein.

Durch dieses Buch stehen Sie in Kontakt mit einer Gruppe aufrichtiger, vernünftiger Wesen, die ausschließlich Ihr Wohlergehen im Sinn haben. Von ihnen werden Sie daran erinnert, dass Sie selbst einer Quelle des Wohl-Seins entstammen. Entweder Sie lassen diese höhere Schwingungs-Energie frei in Ihr Leben strömen, oder Sie widersetzen sich ihr und schotten sich so gegen die grenzenlose Fülle und Liebe ab.

Die Botschaft dieses Buches ist erstaunlich und doch so einfach – ihr wahrer Ursprung ist eine Quelle von Liebe und Wohlbefinden. Wenn Sie sich im Einklang mit dieser friedvollen, liebevollen Energie befinden, erlangen Sie Ihre ursprüngliche Macht – was es Ihnen ermöglicht, sich Ihre Wünsche zu erfüllen, Gesundheit zu erlangen, Fülle anzuziehen, wo bislang Mangel herrschte, und durch göttliche Führung zur rechten Zeit den richtigen Menschen zu begegnen und die richtigen Hinweise zu erhalten. Genau so arbeitet die göttliche Ur-Kraft, und da Sie aus dieser göttlichen Quelle hervorgegangen sind, verfügen Sie ebenfalls über diese Fähigkeiten.

Ich habe einen ganzen Tag mit Abraham verbracht, ich habe mit Esther und Jerry zu Abend gegessen und mir Hunderte von Abraham-Tonbandaufzeichnungen angehört, und daher kann ich Ihnen aus erster Hand versprechen: Sie werden mit diesem Buch zu einer Ihr Leben verändernden Reise aufbrechen, ermöglicht durch zwei der authentischsten und spirituellsten Menschen, die mir je begegnet sind. Dass es ihnen ermöglicht wird, diese Lehren an Sie weiterzugeben, erfüllt Jerry und Esther mit tiefer Ehrfurcht, und ebenso empfinde ich beim Schreiben dieses Vorworts für Abraham.

Ich lege Ihnen ans Herz, Abrahams Worte sorgfältig zu lesen und unverzüglich anzuwenden. Ihre Wirkung lässt sich in einer Beobachtung zusammenfassen, auf die ich seit vielen Jahren immer wieder hinweise: »Wenn man die Dinge auf andere Weise betrachtet, verändern sie sich.« Sie werden eine völlig neue Welt sehen und erfahren, die sich vor Ihren Augen verändert. Diese Welt wird durch die göttliche Ur-Kraft erschaffen, die möchte, dass Sie sich wieder mit ihr verbinden und ein glückliches Leben in Freude führen.

Danke, Abraham, dass ihr es mir erlaubt habt, ein paar Worte zu diesem kostbaren, kostbaren Buch zu sagen.

Ich liebe euch – EUCH ALLE.

- Wayne

Vorwort

von Jerry Hicks

Während ich mit diesem Vorwort beginne, erstrahlt gerade die Küste von Malibu im Licht der Morgensonne. Und das tiefe Indigoblau des Pazifiks passt sehr gut zu der Tiefe der Freude, die ich empfinde, wenn ich mir vorstelle, welchen Nutzen Sie, liebe Leserinnen und Leser, aus den Offenbarungen in diesem Buch ziehen werden.

Wünschen und bekommen ist ein Buch darüber, dass unsere Wünsche durch Alles-Was-Ist erfüllt werden. Vor allem geht es aber darum, *wie* das, worum wir bitten, uns gegeben wird – und es handelt sich um das erste Buch überhaupt, in dem in einer so klaren Terminologie beschrieben wird, *wie* wir erbitten und dann empfangen sollen, was immer wir zu sein, zu tun oder zu haben wünschen.

Vor Jahrzehnten stieß ich bei meiner nie endenden Suche nach dem tieferen Sinn des Lebens auf das Wort *unaussprechlich* (um einen Zustand zu beschreiben, der sich nicht in Worte fassen lässt). *Unaussprechlich* bezog sich auf eine Schlussfolgerung, zu der ich gelangt war. Ich hatte entschieden, dass wir, je weiter wir uns dem Nicht-Physischen nähern, um so weniger Worte haben, es zu beschreiben. Jeder Zustand völliger Erkenntnis wäre demnach zugleich ein Zustand völliger Unfähigkeit, das Geschaute mit Worten zu beschreiben. Mit anderen Worten: In unserer gegenwärtigen Raum-Zeit-Realität lässt sich das Nicht-Physische nicht klar mit physischen Worten ausdrücken.

Im Verlauf der physischen Geschichte haben wir Milliarden von Philosophien, Religionen, Meinungen und Glaubenssätzen entwickelt. Doch trotz der Abermillionen von Denkern, die ihre Schlüsse an die nachfolgenden Generationen weitergaben, ist es uns nicht gelungen, physische Worte für das Nicht-Physische zu finden – jedenfalls keine, die als allgemeingültig angesehen werden.

Einige wenige unter den vielen Menschen, die bewusst mit der Nicht-physischen Intelligenz kommunizierten, haben Eingang in die offizielle Geschichtsschreibung gefunden. Manche von ihnen wurden verehrt, andere öffentlich verdammt. Die meisten jedoch, die persönlich und bewusst mit dem Nicht-Physischen Bereich kommunizierten, haben es vorgezogen, über ihre Erfahrungen zu schweigen (vermutlich aus Furcht, verdammt oder gar für verrückt erklärt und eingesperrt zu werden).

Moses, Jesus, Mohammed, Johanna von Orleans, Joseph Smith ... um nur einige zu nennen ... waren Empfänger von Botschaften der Nicht-Physischen Intelligenz. Und die meisten von ihnen nahmen ein vorzeitiges und schreckliches Ende. Zwar empfangen wir alle bestimmte Formen von Nicht-Physischer innerer Führung, aber nur wenige empfangen strukturierte Nicht-Physische Gedankenbotschaften, die sich in unsere physische Sprache übersetzen lassen – und von diesen wenigen sind noch weniger bereit, ihre Erfahrungen öffentlich mit anderen zu teilen.

Es erscheint mir wichtig, das vorauszuschicken, denn meine Frau Esther gehört zu den Menschen mit dieser seltenen Gabe, ihr Wachbewusstsein gezielt so weit zu entspannen, dass sie Nicht-Physische Antworten zu jeder gestellten Frage empfangen kann. Irgendwie empfängt Esther Gedankenreihen (keine Worte). Und wie ein Übersetzer, der einen spanischen Satz hört, den Gedanken und nicht die tatsächlichen Worte ins Englische übersetzt, übersetzt auch Esther den Nicht-Physischen Gedanken in die ihm am nächsten kommende verbale Entsprechung.

Dabei ist zu beachten, dass es nicht immer physische Worte gibt, die den Nicht-Physischen Gedanken exakt wiederzugeben vermögen. Daher bildet Esther manchmal neue zusammengesetzte Begriffe, oder sie verwendet gebräuchliche Worte in neuer Weise (indem sie beispielsweise groß und mit Bindestrich geschrieben werden), um dadurch einer neuen Weltsicht Ausdruck zu verleihen. Aus diesem Grund haben wir am Ende des Buches ein kurzes Glossar angefügt, in dem einige der benutzten Begriffe näher erläutert werden. So bezieht sich der Begriff Wohl-Sein auf jenes größere, universelle

Nicht-Physische Wohlbefinden, das uns auf natürliche Weise zufließt, solange wir es nicht irgendwie blockieren.

Seit 1986 reisen Esther und ich jedes Jahr in ungefähr fünfzig Städte, um dort unsere Seminare durchzuführen, und jeder Teilnehmer kann dort Fragen stellen, über die er oder sie gerne sprechen möchten. Dabei wird kein Thema ausgeklammert. Es haben inzwischen Tausende an diesen Seminaren teilgenommen. Sie stammen aus allen ethnischen Gruppen, haben den unterschiedlichsten gesellschaftlichen und weltanschaulichen Background. Sie alle haben den Wunsch, ihr Leben auf die eine oder andere Weise zu verbessern, entweder unmittelbar für sich selbst oder indirekt, indem sie anderen helfen. Und diesen Tausenden von Fragestellern wurden Antworten gegeben – von der Nicht-Physischen Intelligenz, übermittelt durch Esther Hicks.

Und in Reaktion auf die vielen Fragen von Menschen wie Ihnen, die gerne mehr wissen möchten, entstand auf der Basis dieser Philosophie des Wohl-Seins schließlich das vorliegende Buch.

Im Zentrum von Abrahams Lehren steht das machtvollste Gesetz im Universum, das *Gesetz der Anziehung*. Während der letzten zehn Jahre haben wir den größten Teil dieser Lehren in unserer vierteljährlich erscheinenden Zeitschrift *The Science of Deliberate Creation* veröffentlicht. Darin werden die neuesten Perspektiven beleuchtet, die sich aus den Fragen der Teilnehmer unseres Seminars *The Art of Allowing* ergeben haben. Und so trägt die stetig wachsende Zahl von Menschen, die ihre neuesten Fragen und Ansichten mit uns teilen, dazu bei, dass diese Philosophie sich kontinuierlich weiterentwickelt.

Dieses Buch enthält einen praxisorientierten Kurs in angewandter Spiritualität. Es zeigt Ihnen ganz praktisch und konkret, wie Sie all das sein, tun oder haben können, was Ihnen Freude macht. Mit Hilfe dieses Buch lernen Sie außerdem, alles das *nicht* zu sein, zu tun oder zu haben, was Ihnen keine Freude macht.

- Jerry

Darf ich vorstellen? – Abraham

von Esther Hicks

»Sie redet mit Geistern!«, sagten unsere Freunde. »Nächste Woche hat sie Sprechstunde, dann könnt ihr einen Termin bei ihr bekommen und sie fragen, was immer ihr wollt!«

Das ist so ziemlich das Allerletzte, was ich jemals tun würde, *dachte ich, aber gleichzeitig hörte ich meinen Mann Jerry sagen: »Ja, wir möchten wirklich gerne einen Termin bei ihr. Wann sollen wir kommen?«*

* * *

Damals, 1984, waren wir seit vier Jahren verheiratet und nie hatte es zwischen uns einen Streit oder ein harsches Wort gegeben. Wir waren beide fröhliche Menschen, die glücklich miteinander lebten, völlig kompatibel in nahezu allen Lebensbereichen. Ein gewisses Unbehagen stellte sich bei mir allerdings immer dann ein, wenn Jerry Freunde damit unterhielt, ihnen von seinen zwanzig Jahre zurückliegenden Experimenten mit dem Ouija-Brett zu erzählen. Wenn wir in einem Restaurant oder an einem anderen öffentlichen Ort mit Freunden beisammen waren und ich spürte, dass wieder einmal eine solche Geschichte bevorstand, entschuldigte ich mich höflich (manchmal auch weniger höflich) und zog mich auf die Toilette zurück, setzte mich an die Bar oder machte einen Spaziergang zu unserem Auto, bis genügend Zeit verstrichen war und Jerry seine Anekdote erzählt hatte. Zum Glück hörte Jerry nach einer gewissen Zeit ganz auf, diese Geschichten zum Besten zu geben, wenn ich mich in Hörweite befand.

Ich war zwar nicht besonders religiös, hatte aber oft genug die Sonntagsschule besucht, um eine starke Furcht vor dem Bösen und dem Teufel zu entwickeln. In der Rückschau bin ich mir gar nicht sicher, ob die Lehrer in der Sonntagsschule tatsächlich einen großen Teil der Unterrichtszeit dazu verwendeten, uns Furcht vor dem Teufel zu vermitteln, oder ob dieses Thema lediglich mich besonders stark beeindruckte. Aber zumindest ist es das, was mir aus jener Zeit besonders in Erinnerung geblieben ist.

Jedenfalls machte ich einen großen Bogen um alles, was in irgendeinem Zusammenhang mit dem Teufel stehen konnte. Als junge Frau saß ich einmal im Autokino und warf einen Blick durchs Rückfenster des Wagens. Dabei erblickte ich auf der anderen Leinwand zufällig eine schreckliche Szene aus der *Exorzist* (einem Film, den ich mir auf keinen Fall anschauen wollte). Was ich dort sah, schockierte mich, sogar noch ohne den dazugehörigen Ton, derart, dass mich anschließend wochenlang Alpträume quälten.

* * *

»Sie heißt Sheila«, sagte unsere Freundin zu Jerry. »Ich vereinbare für euch einen Termin und gebe euch Bescheid.«

Die nächsten Tage brachte Jerry damit zu, seine Fragen aufzuschreiben. Er sagte, es gäbe einige, die er schon seit seiner Kindheit mit sich herumtrage. Ich selbst machte mir keine Liste. Stattdessen rang ich mit der Frage, ob ich überhaupt dorthin gehen sollte.

Wir parkten unseren Wagen vor einem schönen Haus mitten in Phoenix, Arizona, und ich weiß noch genau, dass ich dachte: *Worauf habe ich mich da eingelassen?* Wir klingelten an der Tür, und eine sehr nette Frau begrüßte uns und führte uns in ein freundlich eingerichtetes Wohnzimmer, wo wir warten konnten, bis wir an der Reihe waren.

Das Haus war groß, einfach, aber sehr schön eingerichtet und sehr still. Ich empfand so etwas wie Ehrfurcht, fast wie in einer Kirche.

Dann öffnete sich eine große Tür, und zwei hübsche, farbenfroh gekleidete Frauen kamen herein. Offenbar war unser Termin der erste nach der Mittagspause. Beide Frauen wirkten fröhlich und erfrischt. Ich merkte, wie ich mich etwas entspannte. Vielleicht war die ganze Sache doch nicht so unheimlich.

Man führte uns in ein schönes Schlafzimmer, wo am Fußende des Bettes drei Stühle aufgestellt waren. Sheila saß auf der Bettkante, und auf einem der Stühle saß ihre Assistentin, mit einem Kassettenrecorder auf dem Tisch neben sich. Jerry und ich setzten uns auf die anderen beiden Stühle, und ich fragte mich nervös, was mir nun möglicherweise bevorstand.

Die Assistentin erklärte uns, dass Sheila sich entspannen und innerlich öffnen würde, und dann würde Theo, eine Nicht-Physische Wesenheit, mit uns sprechen. Wir könnten Theo fragen, was immer wir wollten.

Sheila legte sich quer auf das Fußende des Bettes, kaum mehr als einen Meter von uns entfernt, und atmete tief. Kurz darauf sagte plötzlich eine ungewöhnlich klingende Stimme: »Jetzt geht es los, nicht wahr? Habt ihr Fragen?«

Ich schaute Jerry an und hoffte, er würde als Erster loslegen, denn ich wusste, dass *ich* auf keinen Fall bereit war, mit diesem sonderbaren Theo zu reden. Jerry beugte sich vor. Man merkte ihm an, dass er es kaum erwarten konnte, seine erste Frage zu stellen.

Ich entspannte mich, während Theos Worte langsam aus Sheilas Mund kamen. Zwar wusste ich, dass es Sheilas Stimme war, die ich da hörte, aber irgendwie war mir klar, dass die Quelle all dieser großartigen Antworten etwas war, das sich sehr von Sheila unterschied.

Jerry sagte, er trage diese Fragen schon seit seinem fünften Lebensjahr mit sich herum, und er stellte sie, so schnell er konnte. Unsere dreißig Minuten vergingen wie im Fluge. Während dieser Zeit schwand meine Angst vor der außergewöhnlichen Erfahrung, und ein Wohlgefühl durchströmte mich, wie ich es nie zuvor erlebt hatte.

Als wir wieder draußen im Auto saßen, sagte ich zu Jerry: »Ich würde gerne morgen noch einmal zu ihr gehen. Es gibt ein paar Dinge, die *ich* Theo gerne fragen möchte.« Jerry war höchst erfreut, denn auf seiner Liste standen auch noch etliche Fragen.

Als die Sitzung am nächsten Tag ungefähr zur Hälfte verstrichen war, überließ Jerry die verbleibenden Minuten mir, was ihn sichtliche Überwindung kostete, und ich fragte Theo: »Wie können wir unsere Ziele effektiver erreichen?«

Die Antwort lautete: »Durch Meditation und Affirmationen.«

Mich mit Meditation zu beschäftigen erschien mir wenig verlockend, und ich kannte in meinem Umfeld niemanden, der meditierte. Dieses Wort weckte in mir die Vorstellung von Leuten, die sich auf Nagelbetten legten, über heiße Kohlen liefen, jahrelang auf einem Bein standen oder am Flughafen um Almosen bettelten. Also fragte ich: »Was genau meint ihr mit *Meditation*?«

Die Antwort fiel kurz aus und hörte sich sehr gut an: »Setzt euch an einem ruhigen Ort still hin. Tragt bequeme Kleidung und konzentriert euch auf euren Atem. Wenn eure Aufmerksamkeit wandert, was auf jeden Fall geschehen wird, lasst den Gedanken sanft ziehen und konzentriert euch wieder auf den Atem. Es ist gut, wenn ihr beide gemeinsam übt. Dann ist die Wirkung intensiver.«

»Habt ihr eine geeignete Affirmation für uns?«,

fragten wir Theo. (Wie Abraham ist auch Theo eine Gruppen-Wesenheit, die deshalb in der Mehrzahl angesprochen wird.)

»Ich (nennt euren Namen) ziehe durch göttliche Liebe jene Wesen in mein Leben, die durch meinen Entwicklungsprozess nach Erleuchtung streben. Dieser gegenseitige Austausch wird für alle Beteiligten fruchtbar sein.«

Diese von Sheila/Theo geäußerten Worte drangen regelrecht ins Zentrum meines Seins vor. Ein Gefühl der Liebe überflutete mich. Nie zuvor hatte ich etwas Derartiges erlebt. Alle Furcht war verschwunden. Jerry und ich fühlten uns beide wunderbar.

»Sollen wir meine Tochter Tracy herbringen, damit sie euch ebenfalls kennen lernt?«, fragte ich.

»Wenn sie das wünscht. Aber es ist nicht nötig, denn ihr beide, Jerry und du, seid ebenfalls Channel-Medien.«

Diese Aussage ergab für mich überhaupt keinen Sinn. Ich konnte mir nicht vorstellen, dass ich in all den Jahren (ich war damals in den Dreißigern) nichts von einer solchen Begabung bei mir bemerkt haben sollte.

Der Kassettenrecorder wurde ausgeschaltet, und Jerry und ich waren etwas enttäuscht, dass unser außergewöhnliches Erlebnis schon vorüber war. Sheilas Assistentin sagte, wir hätten noch Gelegenheit, eine letzte Frage zu stellen. »Möchten Sie den Namen Ihres spirituellen Führers wissen?«, fragte sie.

Ich wäre nie auf die Idee gekommen, so etwas zu fragen, zumal ich den Ausdruck *spiritueller Führer* noch nie gehört hatte. Aber eigentlich hörte sich die Frage gut an. Mir gefiel die Vorstellung, dass Menschen Schutzengel haben. Also sagte ich: »Ja, könnt ihr mir bitte den Namen meines spirituellen Führers verraten?«

Theo antwortete: »Uns wird mitgeteilt, dass dir sein Name auf direktem Weg übermittelt werden wird. Du wirst ein hellhöriges Erlebnis haben, und dann wirst du es wissen.«

Was ist ein hellhöriges Erlebnis?, wunderte ich mich, aber ehe ich eine neue Frage formulieren konnte, sagte Theo in abschließendem Tonfall: »Gottes Liebe sei mit euch!« Sheila öffnete die Augen und setzte sich auf. Unsere außergewöhnliche Konversation mit Theo war zu Ende.

Anschließend fuhren Jerry und ich zu einem Aussichtspunkt auf einem der Berge von Phoenix. Wir standen ans Auto gelehnt und betrachteten den Sonnenuntergang. Noch ahnten wir nichts von der Veränderung, die an jenem Tag in uns stattgefunden hatte. Wir wussten nur, dass wir uns großartig fühlten.

Als wir wieder zu Hause eintrafen, hatte ich zwei wichtige Entschlüsse gefasst: Ich würde von nun an meditieren, was immer dies bedeutete, und ich würde herausfinden, wie mein spiritueller Führer heißt.

Also legten wir bequeme Hauskleidung an, zogen im Wohnzimmer die Vorhänge zu und setzten uns in zwei große Ohrensessel. Auf dem Tisch zwischen uns stand eine Etagere. Theo hatte uns geraten, das Meditieren gemeinsam zu versuchen, aber es fühlte sich sonderbar an, und die Etagere sorgte für etwas Abstand, der uns irgendwie half, mit dem Unvertrauten besser klarzukommen.

Ich erinnerte mich an Theos Anweisungen: Setzt euch an einem ruhigen Ort still hin, tragt bequeme Kleidung und konzentriert euch auf euren Atem. Also stellten wir einen Wecker auf fünfzehn Minuten, und ich schloss die Augen und begann bewusst zu atmen. In Gedanken stellte ich die Frage: *Wer ist mein spiritueller Führer?* Und dann zählte ich meine Atemzüge, ein und aus, ein und aus. Sogleich wurde mein ganzer Körper schwer und taub, sodass ich meine Nase nicht mehr von meinen Zehen unterscheiden konnte. Es war ein seltsames, aber durchaus angenehmes Gefühl, und es gefiel mir. Es fühlte sich an, als ob mein Körper langsam rotierte, obwohl ich ruhig in meinem Sessel saß. Zu unserem Erstaunen klingelte bereits der Wecker, und ich sagte: »Das machen wir gleich noch mal.«

Erneut schloss ich die Augen, zählte meine Atemzüge und fühlte mich schwer und taub von Kopf bis Fuß. Wieder klingelte der Wecker viel früher, als wir erwartet hatten. »Noch einmal«, sagte ich.

Also stellten wir den Wecker für weitere fünfzehn Minuten ein, und wieder breiteten sich Schwere und Taubheit in meinem ganzen Körper aus. Aber nun begann etwas oder jemand »meinen Körper zu atmen«. Aus meiner Perspektive fühlte es sich an wie stürmisch wogende Liebe, die sich tief aus dem Inneren meines Körpers nach außen bewegte. Was für ein herrliches Gefühl! Jerry hörte mein leises, verzücktes Seufzen und sagte hinterher, es habe geklungen, als befände ich mich in Ekstase.

Als der Wecker klingelte und mich aus der Meditation zurückholte, klapperten meine Zähne wie nie zuvor. Besser ausgedrückt: Sie *vibrierten*. Fast eine Stunde lang vibrierten meine Zähne, während ich versuchte, mich wieder zu entspannen und in meinen normalen Bewusstseinszustand zurückzufinden.

Damals hatte ich keine Ahnung, was geschehen war, aber heute weiß ich, dass es sich um meinen ersten Kontakt mit Abraham handelte. Wenn ich auch nicht wusste, *was* geschehen war, so stand doch fest, dass es sich *sehr gut* anfühlte! Und ich wollte, dass es wieder geschah.

Daher beschlossen Jerry und ich, von nun an täglich fünfzehn Minuten zu meditieren. Ich glaube, in den folgenden neun Monaten ließen wir keinen Tag aus. Jedes Mal spürte ich Schwere und Taubheit, eine Art Loslösung, doch ansonsten ereignete sich nichts Außergewöhnliches. Und dann, als ich am Tag vor Thanksgiving im Jahr 1985 meditierte, begann mein Kopf sich sanft hin und her zu wiegen. Während der folgenden zwei Tage bewegte sich mein Kopf in jeder Meditation auf diese sanfte, fließende Weise. Es war sehr angenehm, fast als flöge ich. Und dann, am dritten Tag, wurde mir in der Meditation plötzlich klar, dass mein Kopf keine zufälligen Bewegungen ausführte, sondern dass meine Nase Buchstaben in die Luft schrieb. »M-N-O-P« lautete die erste Buchstabenfolge, die ich wahrnahm.

»Jerry«, rief ich, »ich schreibe Buchstaben mit meiner Nase!« Und gleichzeitig kehrte das ekstatische, verzückte Liebesgefühl zurück. Ich bekam von Kopf bis Fuß eine Gänsehaut, als diese Nicht-Physische Energie meinen Körper durchströmte.

Rasch zückte Jerry seinen Notizblock und notierte die Buchstaben, die meine Nase in die Luft malte: »ICH BIN ABRAHAM. ICH BIN DEIN SPIRITUELLER FÜHRER.«

Später hat Abraham uns erklärt, dass er eigentlich eine Gruppen-Identität aus vielen Einzelwesen ist. Sie sprechen von sich in der Mehrzahl, weil es sich bei ihnen um ein Kollektives Bewusstsein handelt. Wie sie mir erklärt haben, wurde das Wort »Abraham« zu Anfang nur benutzt, weil ich die Erwartung hegte, es müsse sich bei meinem spirituellen Führer um ein einzelnes Wesen handeln. Doch in Wahrheit sind sie *viele,* auch wenn sie, aus einem gedanklichen Konsens heraus, mit einer Stimme sprechen.

Um Abraham zu zitieren: *Abraham ist kein Einzel-Bewusstsein, so wie ihr euch als Einzelpersonen in einem Einzelkörper fühlt. Abraham ist ein Bewusstseins-Kollektiv. Es gibt einen Nicht-Physischen Bewusstseins-Strom, und wenn jemand von euch eine Frage stellt, gibt es viele, viele Bewusstseinspunkte, die eine Art Kanal für eine bestimmte gedankliche Perspektive formen (weil in diesem Fall ein einzelner Mensch, Esther, die Gedanken deutet oder ausspricht). Daher kommt es euch so vor, als wäre Abraham ein Einzelwesen. Aber wir sind multidimensional, ein multiples Bewusstsein mit vielfältigen Facetten.*

Es ist nicht so, dass Abraham mir Worte ins Ohr flüstert, die ich dann lediglich wiederhole. Vielmehr übermitteln sie mir, wie sie wiederholt erklärt haben, Gedanken-Blöcke, wie Funksignale, die ich auf unterbewusster Ebene empfange. Diese Gedankenreihen übersetze ich dann in die entsprechenden physischen Worte. Ich »höre«, wie die Worte durch mich gesprochen werden, aber während des eigentlichen Übersetzungsvorgangs bin ich mir nicht bewusst, was gerade übermittelt wird, und habe auch keine Zeit, über das nachzudenken, was zuvor übermittelt wurde.

Abraham erklärte uns, dass sie schon länger versucht hatten, mir diese Gedanken-Blöcke zu übermitteln. Aber ich hatte mich strikt bemüht, Theos Anweisungen zu befolgen: »Wenn eure Aufmerksamkeit wandert, was auf jeden Fall geschehen wird, lasst den Gedanken sanft ziehen und konzentriert euch wieder auf den Atem.« Deshalb hatte ich meine Konzentration immer dann, wenn einer von Abrahams Gedanken aufgetaucht war, sogleich wieder meiner Atmung zugewendet. Daher gab es für sie offenbar keinen anderen Weg, zu mir durchzudringen, als mit meiner Nase Buchstaben in die Luft zu schreiben. Abraham sagt, die wunderbare Empfindung, die mich durchströmte, als mir klar wurde, dass ich Wörter buchstabierte, war eigentlich ihre Freude, die sie empfunden hatten, als endlich eine bewusste Verbindung zu mir hergestellt war.

In den folgenden Wochen entwickelte sich die Qualität unserer Kommunikation rasant. Zwar war es recht langwierig, mit der Nase Buchstaben in die Luft zu malen, aber Jerry fand diese klare und zuverlässig funktionierende Informationsquelle so aufregend, dass er mich oft mitten in der Nacht aufweckte, um Abraham Fragen zu stellen.

Doch dann spürte ich eines Abends, während ich mit Jerry auf dem Bett lag und fernsah, plötzlich eine heftige Empfindung, die mir durch Arme, Hände und Finger lief. Meine Hand fing an, auf Jerrys Brust zu klopfen. Während meine Hand weiter pochende Bewegungen ausführte, spürte ich den starken Drang, zu meiner Schreibmaschine zu gehen. Als ich meine Finger auf die Tasten legte, befühlten meine Hände die Schreibmaschine von oben bis unten, als ob jemand rasch herausfand, wozu dieses Gerät zu gebrauchen war und wo sich die einzelnen Buchstaben befanden. Und dann tippten meine Hände. Erst wurden alle Buchstaben mehrmals angeschlagen, offenbar zur Übung. Und schließlich nahmen Worte auf dem Papier Gestalt an: *Ich bin Abraham. Ich bin dein spiritueller Führer. Ich bin hier, um mit dir zu arbeiten. Ich liebe dich. Wir werden zusammen ein Buch schreiben.*

Wir fanden heraus, dass ich meine Hände auf die Tastatur legen und mich dann entspannen konnte, ganz wie in meinen Meditationen, und Abraham dann mit der Schreibmaschine alle Fragen beantwortete, die Jerry ihnen stellte. (Von jetzt an werden wir von Abraham immer in der Mehrzahl sprechen.) Es war eine erstaunliche Erfahrung. Sie waren so intelligent, so liebevoll und jederzeit für uns erreichbar! Tag und Nacht waren sie bereit, mit uns über alles zu sprechen, was uns beschäftigte.

Dann, eines Nachmittags, hatte ich, während wir bei Phoenix auf der Autobahn unterwegs waren, plötzlich ein sonderbares Gefühl in Mund, Kinn und Hals. Es war ein wenig so, als müsste ich gähnen. Es handelte sich um einen sehr starken Impuls, der sich nicht unterdrücken ließ. Wir fuhren gerade zwischen zwei schweren Lastwagen, die auf den Fahrspuren rechts und links von uns dahinrollten, durch eine Kurve. Plötzlich wechselten beide Lastwagen gleichzeitig in unsere Fahrspur hinüber und für einen Moment schien es mir, als würden wir zwischen ihnen eingeklemmt. Da platzten zum allerersten Mal Worte, die eindeutig von Abraham kamen, aus mir heraus: »Nimm die nächste Ausfahrt!«

Jerry setzte den Blinker, fuhr ab und parkte unter einer Autobahnüberführung. Dort redeten er und Abraham stundenlang miteinander. Meine Augen waren fest geschlossen und mein Kopf bewegte sich rhythmisch auf und ab, während Abraham die vielen Fragen beantwortete, die aus Jerry heraussprudelten.

* * *

Warum ist diese wunderschöne Sache mit mir geschehen? Manchmal kann ich kaum glauben, dass es wirklich wahr ist. Dann fühle ich mich wie in einem Märchen – so als hätte uns eine Fee einen Wunsch erfüllt. Zu anderen Zeiten scheint es mir die natürlichste, logischste Sache der Welt zu sein.

Manchmal erinnere ich mich kaum noch daran, wie es war, bevor Abraham in unser Leben trat. Von wenigen Ausnahmen abgesehen, war ich immer ein Mensch, den wohl die meisten als glücklich bezeichnen würden. Ich hatte eine wundervolle Kindheit ohne nennenswerte traumatische Erlebnisse, und meine Eltern verhielten sich meinen beiden Schwestern und mir gegenüber stets gütig und liebevoll. Wie bereits erwähnt, waren Jerry und ich seit etwa vier Jahren glücklich verheiratet. Ich hätte mich damals gewiss nicht als einen Menschen beschrieben, dessen Kopf voll mit unbeantworteten Fragen war. Tatsächlich stellte ich sogar ausgesprochen wenige Fragen und hatte eigentlich auch keine besonders ausgeprägten Meinungen und Ansichten.

Jerry dagegen steckte voller leidenschaftlicher Fragen. Er war ein unersättlicher Leser, stets auf der Suche nach Hilfsmitteln und Techniken, die er an andere weitergeben konnte, um ihnen zu helfen, ein schöneres Leben zu führen. Bis zum heutigen Tag ist mir niemand begegnet, der so sehr wie Jerry bestrebt ist, anderen dabei zu helfen, ein erfolgreiches Leben zu führen.

Laut Abraham ergänzen Jerry und ich uns so hervorragend für diese Aufgabe, weil Jerrys starker Wunsch, anderen zu helfen, Abraham herbeirief, während das Fehlen festgefügter Meinungen und Ängste auf meiner Seite mich zu einer guten Empfängerin für die Informationen machte, nach denen Jerry dürstete.

Jerry war von Anfang an begeistert bei der Sache, weil er die Tiefe von Abrahams Weisheit und die Klarheit der dargebotenen Informationen erkannte. Und in all den Jahren hat sein Enthusiasmus in Bezug auf Abrahams Botschaft nicht im Geringsten nachgelassen. Niemand, der bei den Sitzungen anwesend ist, erfreut sich mehr als Jerry an dem, was Abraham zu sagen hat.

Zu Beginn unserer Kommunikation mit Abraham hatten wir keine klare Vorstellung davon, was geschah. Und wir wussten nicht wirklich, mit wem Jerry sich da eigentlich unterhielt. Aber dennoch fanden wir das alles aufregend, erstaunlich und wunderbar – und auch ein wenig unheimlich. Weil es mir selbst so seltsam erschien, war ich sicher, dass die meisten Leute, die ich kannte, nicht verstehen würden, was wir da trieben. Vermutlich würden sie es gar nicht verstehen *wollen*. Daher musste mir Jerry versprechen, niemandem von unserem erstaunlichen Geheimnis zu erzählen.

Heute ist natürlich offensichtlich, dass er sich nicht an dieses Versprechen gehalten hat, aber das trage ich ihm in keiner Weise nach. Es gibt nichts, was wir beide lieber täten, als in einem Raum voller Leute zu sitzen, die es gar nicht erwarten können, Abraham ihre Fragen zu stellen. Von den Menschen, die durch Bücher, Videos, Audiokassetten, Seminare oder über die Website Bekanntschaft mit Abraham machen, hören wir immer wieder: »Danke, dass ihr mir geholfen habt, mich an das zu erinnern, was ich irgendwie immer schon wusste.« Und: »Das hat mir geholfen, die vielen Wahrheits-Schnipsel, die ich hier und da aufgelesen hatte, zu einem Ganzen zu verbinden. Jetzt ergibt alles einen Sinn!«

Abraham scheint nicht daran interessiert zu sein, uns die Zukunft vorauszusagen wie ein Wahrsager, obwohl ich überzeugt bin, dass sie stets wissen, was die Zukunft bringen wird. Stattdessen schlüpfen sie in die Rolle von Lehrern, die uns dabei helfen, das zu werden, was wir gerne sein möchten.

Wie sie betonen, ist es nicht ihre Aufgabe, für uns zu entscheiden, was wir uns wünschen sollen. Ihr Wunsch ist es vielmehr, uns bei der Verwirklichung unserer Wünsche zu unterstützen. Abraham drückt das so aus: *Abraham führt niemanden zu etwas hin oder von etwas weg. Wir wollen, dass ihr eure eigenen Entscheidungen bezüglich eurer Wünsche trefft. Unser einziger Wunsch für euch ist es, dass ihr entdeckt, wie ihr eure Wünsche verwirklichen könnt.*

Mein Lieblingszitat über Abraham stammt von einem Jungen im Teenageralter, der sich gerade eine Kassette angehört hatte, auf dem Abraham einige Fragen von Jugendlichen beantwortet. Der Junge sagte: »Zuerst konnte ich nicht glauben, dass Esther wirklich für Abraham spricht. Doch als ich die Kassette hörte und Abrahams Antworten auf diese Fragen, wusste ich, dass Abraham wirklich existiert, denn seine Worte waren frei von jeder Kritik. Ich kann mir einfach nicht vorstellen, dass ein Mensch so weise, fair und vorurteilsfrei sein kann.«

Meine Reise mit Abraham ist so wunderschön, dass ich es mit Worten kaum beschreiben kann. Sie haben mich gelehrt, in meinem Leben Wohl-Sein zu verwirklichen, und ich genieße diesen Zustand sehr. Ich liebe es, wie ihre behutsamen Ratschläge stets so gestaltet sind, dass dadurch mein Selbstvertrauen und meine Selbstverantwortung gestärkt werden. Ich freue mich, zu beobachten, wie das Leben so vieler guter Freunde (und neuer Freunde) sich durch die Anwendung von Abrahams Lehren zum Besseren verändert. Ich liebe es, wie diese brillanten und liebevollen Wesen sofort in meinem Kopf zur Stelle sind, wenn ich darum bitte. Stets sind sie bereit, uns zu assistieren und uns neue Erkenntnisse zu vermitteln.

(Kleine Bemerkung am Rande: Einige Jahre nach unserer Begegnung mit Sheila und Theo schlug Jerry den Namen *Theo* in unserem Wörterbuch nach. »*Theo*«, sagte er erfreut zu mir, »bedeutet *Gott*!« Wie perfekt das ist! Ich muss lächeln, wenn ich an jenen wunderbaren Tag zurückdenke, der zu einem so außergewöhnlichen Wendepunkt in unserem Leben wurde. Damals war ich voller Sorge, mir stünde eine Begegnung mit dem Bösen bevor, und dann führte ich ein Gespräch mit Gott!)

In der Anfangszeit unserer Arbeit mit Abraham baten uns die Leute stets, ihnen unsere Beziehung zu Abraham zu erläutern. »Wie seid ihr einander begegnet? Wie erhaltet ihr diesen Kontakt aufrecht? Warum haben sie gerade euch beide ausgewählt? Was ist es für ein Gefühl, als Sprecherin für ein so weises Wesen zu dienen?« Daher nahmen Jerry und ich uns zu Beginn jedes Vortrags, jedes Fernseh- oder Radiointerviews immer einige Minuten Zeit, um auf diese Fragen einzugehen. Aber dieser Teil unserer Präsentation erfüllte mich jedes Mal mit großer Ungeduld. Ich wollte mich viel lieber entspannen und Abrahams Bewusstsein durch mich fließen lassen, denn das war es ja, worum es bei unseren öffentlichen Auftritten eigentlich ging.

Schließlich produzierten wir eine kostenlose Audioaufzeichnung mit dem Titel *Introduction to Abraham*. Dort wird ausführlich berichtet, wie unsere Erlebnisse mit Abraham begannen und wie unsere Beziehung zu ihnen sich seither entwickelt hat. (Diese 74-minütige Aufnahme haben wir inzwischen zum kostenlosen Download auf unsere interaktive Website **www.abraham-hicks.com** gestellt. Auf unserer Website berichten wir außerdem, wer wir sind und wie unser Leben vor unserer Begegnung mit Abraham aussah.) Die Arbeit, Abrahams Botschaft in der Welt zu verbreiten, damit sie für möglichst viele Menschen zugänglich wird, macht uns große Freude, doch dabei steht die Botschaft selbst für uns stets im Mittelpunkt.

Heute Morgen sagte Abraham zu mir: *Esther, wir sind uns der Fragen bewusst, die das Massenbewusstsein eures Planeten gegenwärtig aussendet. Und hier, durch dich, liefern wir gern und mit Freuden die Antworten auf diese Fragen. Entspanne dich also und freue dich an der köstlichen Entfaltung dieses Buches.*

Also werde ich jetzt genau das tun: mich entspannen und es Abraham ermöglichen, dieses Buch für Sie zu schreiben. Ich stelle mir vor, dass sie Ihnen aus ihrem Blickwinkel erklären werden, wer sie sind, aber vor allem werden sie Ihnen dabei helfen, dass *Sie sich selbst* besser verstehen. Ich wünsche mir aufrichtig, dass die Begegnung mit Abraham für Sie so aufschlussreich und erfüllend sein möge, wie sie es für uns seit vielen Jahren ist.

- in Liebe, Esther

1. KAPITEL

Sich gut fühlen – hier und jetzt

Man nennt uns Abraham, und wir sprechen zu Dir aus der Nicht-Physischen Dimension. Natürlich musst Du Dir klarmachen, dass Du ebenfalls aus der Nicht-Physischen Dimension stammst, also unterscheiden wir uns gar nicht so sehr voneinander. Eure physische Welt ist eine Projektion aus dem Nicht-Physischen Bereich. Sie ist aus der Nicht-Physischen Ur-Kraft hervorgegangen.

In diesem Reich des Nicht-Physischen benutzen wir keine Worte, denn wir benötigen keine Sprache. Wir besitzen auch keine Zungen, um zu sprechen, oder Ohren, um zu hören, und dennoch funktioniert unsere Kommunikation untereinander perfekt. Unsere Nicht-Physische Sprache besteht aus Schwingungen, und unsere Nicht-Physischen Lebensgemeinschaften, oder Familien, kommen zusammen, weil sie gemeinsame Absichten verbinden. Mit anderen Worten, wir strahlen aus, was wir sind, und andere mit ähnlichen Absichten werden dadurch angezogen. Das verhält sich auch in Eurer physischen Welt nicht anders, obgleich die meisten von Euch diese Tatsache vergessen haben.

Abraham ist eine Familie von Nicht-Physischen Wesen, die sich in der gemeinsamen Absicht vereint haben, Euch, unsere physischen Kinder, an die Gesetze des Universums zu erinnern, die alle Dinge regieren. Unsere Absicht ist es, Euch zu erinnern, dass Ihr Kinder der einen Ursprungsenergie seid; dass Ihr gesegnete, geliebte Wesen seid; und dass Ihr in diese physische Raum-Zeit-Realität gekommen seid, um dort voller Freude schöpferisch zu sein, zu erschaffen. Alle Wesen, die auf den physischen Bereich fokussiert sind, besitzen Nicht-Physische Gegenstücke. Von dieser Regel gibt es keine Ausnahme. Alle physisch orientierten Wesen besitzen Zugang zu der weiteren, Nicht-Physischen Perspektive. Auch das gilt für alle ohne Ausnahme. Doch die meisten physischen Wesen haben sich derart von der physischen Realität eures Planeten ablenken lassen, dass sie starke Widerstandsmuster entwickelt haben, die Eure klare Verbindung mit Eurem Ursprung verzerren und behindern. Unsere Absicht ist es, jenen, die darum bitten, dabei zu helfen, sich an diese Verbindung zu erinnern.

Zwar haben alle physischen Menschen Zugang zur klaren Kommunikation mit dem Nicht-Physischen, doch die meisten von Euch sind sich dessen nicht bewusst. Und selbst wenn Ihr Euch dieser Möglichkeit bewusst seid, hindern Euch oft Eure Denkgewohnheiten daran, bewusst mit der Nicht-Physischen Seite zusammenzuarbeiten.

Gelegentlich tut sich jedoch ein Kommunikationskanal auf, durch den wir unsere Erkenntnisse an jemanden übermitteln können, der in der Lage ist, unsere Schwingungsmuster klar zu empfangen und in Eure Sprache zu übersetzen. In diesem Fall geschieht das durch Esther. Dabei werden Schwingungen eingesetzt, die sich mit Funksignalen vergleichen lassen. Esther empfängt diese Schwingungen und übersetzt sie in ihre physische Wort-Entsprechung. Es gibt jedoch keine ausreichenden physischen Worte, um Dir, lieber Leser oder liebe Leserin, zu übermitteln, welche Befriedigung und Freude es uns bereitet, unser Wissen auf diese Weise, zu dieser Zeit an Dich weiterzugeben.

Wir wünschen uns sehr, dass Du in Deiner gegenwärtigen Situation Freude findest – wo immer Du Dich gerade befindest. Wir sind uns bewusst, wie befremdlich diese Worte für Dich klingen müssen, wenn Deine momentane Lebenssituation weit entfernt ist von dem, was Du Dir wirklich wünschst. Aber wir versprechen Dir: Wenn Du lernst, Dich hier und jetzt gut zu fühlen, hältst Du damit den Schlüssel in Händen, um jedes Ziel erreichen zu können – Gesundheit, Reichtum oder was immer Du Dir sonst wünschst.

Auf diesen Seiten möchten wir Dir ein besseres Verständnis Deiner eigenen Natur vermitteln. Manches davon wirst Du gewiss als hilfreich empfinden, aber Worte allein können Dich niemals etwas lehren. Dein wahres Wissen kommt aus Deiner eigenen Lebenserfahrung. Und wenn Du auch unaufhörlich Erfahrungen und Wissen sammelst, so geht es in Deinem Leben doch um viel mehr als das – es geht um Erfüllung, Zufriedenheit und Freude. In Deinem Leben geht es darum, ständig zum Ausdruck zu bringen, wer Du wirklich bist.

Du hörst nur, was Du zu hören bereit bist

Wir sprechen auf vielen Ebenen Deiner Bewusstheit zu Dir, alles zur selben Zeit, aber Du wirst nur das aufnehmen, für das Du gegenwärtig empfänglich bist. Jede Leserin, jeder Leser dieses Buches wird auf andere Weise Gewinn daraus ziehen, und jedes Mal, wenn Du es wieder liest, wirst Du Neues darin entdecken. Jene, die die wahre Kraft dieses Buches erkennen, werden es viele Male lesen. Es ist ein Buch, das physischen Wesen hilft, ihre Beziehung zu GOTT zu verstehen und zu ALLEM-DAS-SIE-SELBST-WIRKLICH-SIND.

Dieses Buch wird Dir helfen zu verstehen, wer Du wirklich bist, warst und künftig sein wirst.

Dieses Buch wird Dir helfen zu verstehen, dass Deine Entwicklung niemals endet. Es wird Dir helfen zu verstehen, in welcher Beziehung Du zu Deiner Vergangenheit und zu Deiner Zukunft stehst – vor allem aber wird es Dir dabei helfen, Dir des wahren Potenzials Deines *Jetzt* bewusst zu werden.

Du wirst lernen, wie Du Deine eigenen Erfahrungen erschaffst und warum Deine ganze Macht im *Jetzt* liegt. Und dann wird dieses Buch Dir zeigen, was es mit Deinem *Emotionalen Feedback-System* und Deinem *Schwingungs-Set-Point* auf sich hat.

Wir werden Dir einige Methoden vorstellen, mit deren Hilfe Du die bewusste Verbindung zum

»Nicht-Physischen« Teil Deines Selbst wiederherstellen kannst, Methoden, die Dich darin unterstützen werden, alle Deine Wünsche zu verwirklichen. Und wenn Du diese Methoden anwendest und wenn Du Dich wieder an die machtvollen Gesetze des Universums erinnerst – *wird Deine natürliche Begeisterung und Lebensfreude zurückkehren.*

2. KAPITEL

Wir halten unser Versprechen – und erinnern Dich daran, wer Du bist

Weißt Du, was Du willst? Weißt Du, dass Du Deine Erfahrung selbst erschaffst? Hast Du Freude an der Entfaltung Deiner Wünsche? Spürst Du die Frische eines neuen Wunsches in Dir pulsieren?

Wenn Du zu den seltenen Menschen gehörst, die darauf antworten: »Ja, ich freue mich an der Entfaltung meiner Wünsche. Ich fühle mich wunderbar, hier und jetzt, an diesem Ort, auch wenn vieles von dem, was ich mir wünsche, sich noch nicht verwirklicht hat«, dann weißt Du, wer Du bist und worum es in dieser physischen Lebenserfahrung wirklich geht.

Wenn Du aber, wie die meisten Menschen, unglücklich bist angesichts Deiner unerfüllten Wünsche; wenn Du Dir mehr Geld wünschst, aber ständig unter finanziellem Mangel leidest; wenn Du mit Deiner beruflichen Situation unzufrieden bist, aber das Gefühl hast, in einer Sackgasse zu stecken, ohne Aussicht auf eine Besserung Deiner Lage; wenn Deine Beziehungen unbefriedigend sind und der Traumpartner, den Du herbeisehnst, unerreichbar scheint; wenn Dein Körper nicht so gesund ist oder so aussieht, wie Du es gerne hättest ... dann gibt es ein paar sehr wichtige und leicht verständliche Dinge, die wir Dir hier gerne mitteilen möchten.

Wir geben Dir diese Informationen, weil wir möchten, dass Du all das erlangst, was Du ersehnst. Doch das ist nur ein kleiner Teil unserer Beweggründe, denn wir wissen, dass dann, wenn alle Punkte auf Deiner gegenwärtigen Wunschliste abgehakt sind, eine neue, noch umfangreichere Liste ihren Platz einnehmen wird. Wir schreiben dieses Buch also nicht, um Dir bei der Erfüllung aller Wünsche auf Deiner Liste zu helfen, denn dazu wären wir gar nicht imstande.

Wir schreiben dieses Buch, um in Dir die Erinnerung zu wecken an die Macht und den unwiderstehlichen Erfolg, die im Zentrum Deines wahren Selbst pulsieren. Wir schreiben dieses Buch, um Dir zu helfen bei der Rückkehr zu Optimismus, positiver Erwartung und ewiger Freude, die Deine wahre Natur sind. Und weil wir Dich daran erinnern möchten, dass es nichts gibt, das Du nicht sein, tun oder haben kannst. Wir schreiben dieses Buch, weil wir es Dir versprochen haben. Und damit, dass Du es nun in Händen hältst, erfüllst auch Du ein Versprechen, das Du einst gegeben hast.

Du hast gesagt: »Ich will in Freude leben!«

Du hast gesagt: »*Ich werde mich zusammen mit anderen Wesen in die physische Raum-Zeit-Realität begeben und dort eine Identität mit einer klaren, spezifischen Perspektive annehmen. Ich werde lernen, mich selbst aus dieser Perspektive zu sehen, und ich werde Freude daran haben, wenn andere mich in dieser Perspektive wahrnehmen.*«

Du hast gesagt: »*Ich werde beobachten, was in meiner Umgebung geschieht, und meine Reaktionen darauf werden bewirken, dass ich persönliche Vorlieben und Wünsche entwickle.*«

Du hast gesagt: »*Ich werde meine Vorlieben und Wünsche zu schätzen wissen. Ich werde meine besondere, individuelle Perspektive zu schätzen wissen.*«

Und dann hast Du gesagt (und das ist am allerwichtigsten): »*Ich werde stets die Macht und den Wert meiner persönlichen Perspektive spüren, denn die ›Nicht-Physische-Energie‹, die alle Welten erschafft, wird alle meine Entscheidungen, Gedanken und Absichten mit Energie aufladen, sodass erschaffen und verwirklicht wird, was ich von meiner Perspektive aus in Bewegung setze.*«

Du wusstest also vor Deiner Geburt in die physische Welt, dass Du ein Teil der »Ur-Kraft« bist, der in einem speziellen physischen Körper individuell Gestalt annimmt. Und Du wusstest, dass diese physische Person, zu der Du werden würdest, niemals die Verbindung zu ihrem Ursprung verlieren kann.

Du hast gesagt: »*Es wird eine wundervolle Er-*

fahrung sein, mich in diesen physischen Körper, in die physische Raum-Zeit-Realität hineinzubegeben, denn diese Umwelt wird mich dazu anregen, meine machtvolle Energie in gezielte, spezifische Bahnen zu lenken. Und diese individuelle energetische Fokussierung ermöglicht eine gezielte Vorwärtsentwicklung – und Lebensfreude!«

Wir wissen, wer Du bist

Also kamst Du in diesem wunderbaren Körper auf die Welt, Dich an Deine frohe, machtvolle Natur erinnernd, im Wissen, dass Du nie die Großartigkeit der Quelle vergessen würdest, der Du entstammst, und dass die Verbindung zu dieser Quelle niemals unterbrochen werden kann.

Und nun sind wir hier, um Dich daran zu erinnern, dass Du in der Tat immer mit der Ur-Kraft, dem Ursprung des Universums, verbunden bist, ganz gleich, wie Du Dich momentan fühlen magst.

Wir möchten Dir helfen, Dich an Dein machtvolles Wesen zu erinnern, damit Du wieder zu dem zuversichtlichen, frohen, stets neugierig nach faszinierenden Erfahrungen Ausschau haltenden Menschen werden kannst, als der Du ursprünglich hierher gekommen bist.

Da wir wissen, wer Du in Wahrheit bist, wird es uns leicht fallen, Dich daran zu erinnern.

Da wir uns dort befinden, wo Du herkamst, ist es ein Leichtes für uns, Dich an Deinen wahren Ursprung zu erinnern.

Da wir wissen, was Du Dir wünschst, ist es ein

Leichtes für uns, Dir Wege aufzuzeigen, wie Du selbst Dir diese Wünsche erfüllen kannst.

Es gibt nichts, das Du nicht sein, tun oder haben kannst

Wir möchten, dass Du Dich an die Tatsache erinnerst, dass es nichts gibt, das Du nicht sein, tun oder haben kannst. Wir wollen Dir helfen, diesbezüglich absolute Gewissheit zu erlangen. Doch wir lieben auch Deine gegenwärtige Situation, selbst wenn sie Dir selbst überhaupt nicht gefällt, denn wir wissen, wie faszinierend und aufregend Deine Reise von dort aus hin zur Erfüllung Deiner Wünsche sein wird.

Wir möchten, dass Du alle Wahrnehmungen hinter Dir lässt, die Deine Freude und Macht beeinträchtigen. Wir werden Dir helfen, das machtvolle Wissen in Dir zu reaktivieren, das im Zentrum Deines wahren Seins pulsiert.

Entspanne Dich also und genieße diese leichte, mühelose Reise zur Wiederentdeckung Deines wahren Seins. Am Ende dieses Buches wirst Du Dich selbst so gut kennen, wie wir Dich bereits jetzt kennen. Du wirst Dich dann ebenso Deines Lebens freuen, wie wir Freude an Deinem Leben haben.

3. KAPITEL

Du erschaffst Deine eigene Realität

Vor einiger Zeit stießen unsere Freunde Jerry und Esther auf folgenden Satz: »Ihr erschafft Eure eigene Realität.« (Sie hatten die *Seth*-Bücher von Jane Roberts entdeckt.) Das war für sie gleichzeitig eine aufregende wie auch beunruhigende Aussicht, denn wie so viele unserer physischen Freunde wollten sie sehr gerne die schöpferische Kontrolle über ihre physischen Erfahrungen erlangen, wurden aber von einigen grundsätzlichen Zweifeln geplagt: »Haben wir *wirklich* das Recht, unsere Realität selbst zu wählen? Und *wenn* wir dieses Recht haben, wie genau stellt man es dann an, die eigene Realität zu erschaffen und zu steuern?«

Du besitzt absolute Freiheit – sie ist die Grundlage Deiner Existenz

Ihr kamt mit dem angeborenen Wissen zur Welt, dass Ihr Eure Realität selbst erschafft. Dieses Wissen ist so tief in Dir und allen Deinen Mitmenschen verankert, dass Ihr Euch sofort uneins mit Euch selbst fühlt, wenn jemand das, was Ihr erschafft, zu hintertreiben oder anzugreifen versucht. Obwohl das Bestreben, Deine Realität zu erschaffen, von Geburt an so tief in Dir verwurzelt ist, musstest Du doch versuchen, Dich in die gegenwärtige menschliche Gesellschaft zu integrieren. Und so hast Du die Vorstellungen der anderen darüber, wie Dein Leben auszusehen hat, stillschweigend mehr oder weniger übernommen. Trotzdem ist auch heute noch in Dir das Wissen lebendig, dass Du in der Tat Deine Lebenserfahrungen selbst erzeugst, dass absolute Freiheit die Grundlage all Deiner Erfahrungen bildet und es daher ganz allein Deine Sache ist, was für ein Leben Du Dir erschaffst.

Wenn andere Dir sagen, was Du tun und lassen sollst, hat Dir das nie wirklich gefallen. Es hat Dir niemals gefallen, wenn versucht wurde, Dir Deine ureigenen, machtvollen Impulse und Regungen auszureden. Doch mit der Zeit, dem ständigen Druck der Menschen in Deinem Umfeld ausgesetzt, die so überzeugt zu sein schienen, dass ihre Weltsicht die bessere sei, hast Du Deine Entschlossenheit, über Dein Leben selbst zu bestimmen, nach und nach aufgegeben. Oft fandest Du es viel einfacher, die Vorstellungen der anderen darüber zu übernehmen, was das Beste für Dich ist, statt es selbst herauszufinden. Doch indem Du Dich an die Anforderungen der Gesellschaft anpasstest, in dem Versuch, weniger Schwierigkeiten mit Deinen Mitmenschen zu erleben, hast Du unabsichtlich Dein wichtigstes Fundament preisgegeben: Deine totale und absolute Freiheit, zu erschaffen und zu gestalten.

Das Aufgeben dieser Freiheit ist Dir jedoch nicht leicht gefallen. Tatsächlich kannst Du sie gar nicht völlig aufgeben, denn sie ist ein Grundelement Deines Wesens. Doch im Versuch, sie um des lieben Friedens willen aufzugeben, oder in dem hoffnungslos resignierenden Gefühl, dass Dir keine andere Wahl bleibt, als auf Dein Geburtsrecht der freien Entscheidung zu verzichten ... hast Du Deiner eigenen Natur zuwidergehandelt, die Regungen Deiner Seele unterdrückt.

Niemand anderes kann Deine Erfahrungen für Dich erschaffen

In diesem Buch geht es darum, wie Du Dich wieder mit der Ur-Kraft verbinden kannst. Es geht darum, dass Du wieder aufwachst und zu Deiner ursprünglichen Klarsicht, Güte und Macht zurückfindest. Wir haben es geschrieben, um Dich an Deine Freiheit zu erinnern, daran, *dass Du immer frei warst und immer frei sein wirst*. Auf ewig bist Du frei, Deine eigenen Entscheidungen zu treffen. Es wird Dir keinerlei Befriedigung schenken, wenn Du zulässt, dass andere Menschen versuchen, Deine Realität für Dich zu erschaffen. Tatsächlich ist es überhaupt nicht möglich, dass jemand anderes Deine Realität für Dich erschafft.

Hast Du Dich einmal wieder in Einklang mit den ewigen Kräften und den Universellen Gesetzen gebracht, dann wartet eine Freude auf Dich, die sich mit physischen Worten kaum beschreiben lässt. Denn Du *bist* die Schöpferin oder der Schöpfer Deiner eigenen Erfahrungen, und die bewusste Schöpfung des eigenen Lebens wird Dir eine enorme Befriedigung schenken.

Du bist ein unsterbliches Wesen in physischer Gestalt

Du bist ein unsterbliches, ewiges Wesen, das sich bewusst dafür entschieden hat, an dieser speziellen physischen Lebenserfahrung teilzunehmen, und zwar aus einem guten, wunderbaren Grund: Diese Raum-Zeit-Realität auf dem Planeten Erde dient als Plattform, die es Dir und Deinen Mitmenschen ermöglicht, aus einer individuellen Perspektive heraus spezifische, gezielte Schöpfungen hervorzubringen.

Ihr seid ewiges Universales Bewusstsein, das sich vorübergehend in einem wunderschönen physischen Körper manifestiert hat, um das erregende Vergnügen zu genießen, auf gezielte, spezifische Weise schöpferisch sein zu können. Das physische Wesen, das Du meinst, wenn Du »Ich« sagst, befindet sich an der evolutionären Vorderfront des Denkens, während das Universale Bewusstsein, Dein wahrer Ursprung, durch Dich hindurchfließt. Und in Momenten kreativer, schöpferischer Höhenflüge, wenn Du innerlich weit geöffnet bist, kann Deine Quelle, die Ur-Kraft, sich durch Dich schaffend ausdrücken.

Manchmal lässt Du es ganz uneingeschränkt geschehen, dass die wahre Natur Deines Seins Dich durchströmt, doch manchmal blockierst Du diesen Fluss. Mit Hilfe dieses Buches kannst Du lernen, Deine wahre Natur ständig frei fließen zu lassen. Wenn Du Dich auf diese Weise vollkommen mit dem Teil von Dir verbindest, der Deine Quelle ist, wirst Du absolute Freude erfahren. Indem Du die Richtung Deiner Gedanken bewusst steuerst, kannst Du in ständiger Verbindung stehen mit der Ur-Kraft, mit Gott, mit der Lebensfreude, mit allem, was Du liebst und was Dir gefällt.

Absolutes Wohl-Sein ist die Grundlage Deines Universums

Wohl-Sein ist das Fundament dieses Universums. Wohl-Sein ist die Basis von Allem-Was-Ist. Es fließt in Dir und strahlt von Dir aus. Du musst es nur zulassen. Wenn Du Dich öffnest und entspannst, kannst Du es so leicht und mühelos in Dein Sein einströmen lassen wie die Luft, die Du atmest.

In diesem Buch geht es darum, wie Ihr Eure natürliche Verbindung zum Strom des Wohl-Seins bewusst zulassen könnt. Das wird es Dir ermöglichen, Dich ganz auf die Erschaffung Deiner Lebenserfahrung zu konzentrieren, so wie Du es geplant hattest, bevor Du in diesem physischen Körper auf die Erde kamst, um diese herrliche Erfahrung an der Vorderfront der Evolution zu machen.

Bist Du Dir eigentlich bewusst, wie viel Wohl-Sein Dich durchströmt? Bist Du Dir bewusst, in welchem Maße Du die Umstände und Ereignisse Deines Lebens selbst steuern und formen kannst? Bist Du Dir bewusst, wie viel Bewunderung Dir entgegengebracht wird? Bist Du Dir bewusst, wie wunderbar die Schöpfung dieses Planeten, dieses ganzen Universums auf Dich zugeschnitten ist, darauf, eine perfekte Spielwiese für Deine Kreativität zu sein?

Ist Dir klar, wie sehr Du geliebt wirst, wie gesegnet Du bist und was für ein integraler, unverzichtbarer Bestandteil des gesamten Schöpfungsprozesses Du bist? Wir möchten, dass Dir dies alles bewusst wird. Du sollst erkennen, was für ein gesegnetes Geschöpf Du bist. Wir möchten Dir die Beweise dafür zeigen, dass dies wahr ist. Du musst nur bereit sein, die Augen zu öffnen und Deine Segnungen anzunehmen: in Gestalt einer wundervollen Partnerschaft, Geld, schönen Erfahrungen und Erfüllung in jeder Hinsicht; in Gestalt von günstigen Umständen und Fügungen; und in Gestalt wundervoller mitschöpferischer Erfahrungen, bei denen Du mit anderen allein aus dem Grund zusammenarbeitest, um Erfüllung und Freude im Hier und Jetzt mit ihnen zu teilen.

Eure Evolution als Menschen ist unaufhaltsam. Ihr könnt gar nicht anders, als voranzuschreiten, euch weiterzuentwickeln. Aber Du bist nicht hier, um nach Entwicklungsmöglichkeiten zu suchen – Du bist hier, um unbändige Freude zu erfahren. Das ist der Grund Deines Hierseins.

4. KAPITEL

Wie gelange ich von hier nach dort?

Die Frage, die uns von unseren physischen Freunden wohl am häufigsten gestellt wird, lautet: *Warum brauche ich so lange, um zu bekommen, was ich mir wünsche?*

> Nicht, weil Du es Dir nicht stark genug wünschst.
> Nicht, weil Du zu dumm bist.
> Nicht, weil Du es nicht verdienst.
> Nicht, weil das Schicksal es nicht gut mit Dir meint.
> Nicht, weil bereits jemand anderer Deinen Preis gewonnen hat.

Der Grund dafür, dass Du noch nicht erhalten hast, was Du Dir wünschst, besteht einfach darin, dass Du an einem Schwingungsmuster festhältst, das nicht mit der Schwingung Deines Wunsches übereinstimmt. Das ist der einzige Grund – ausnahmslos! Und wenn Du innehältst und darüber nachdenkst oder, noch besser, in Dich *hineinfühlst,* bist Du durchaus in der Lage, diese innere Unstimmigkeit selbst zu entdecken.

Du musst also nichts anderes tun, als sanft und Schritt für Schritt Deine zu Deinem Wunsch im Widerspruch stehenden Gedanken aufzugeben. Denn sie sind das Einzige, was der Erfüllung des Wunsches im Wege steht. Ein zunehmendes Gefühl der Erleichterung und Befreiung ist Indikator dafür, wie weit Du Deinen Widerstand schon aufgegeben hast. So wie ein Ansteigen von Anspannung, Wut, Frustration und dergleichen Indikator dafür ist, dass Du Deinen inneren Widerstand erhöht hast.

Wohl-Sein ist für Dich jederzeit frei und unbegrenzt verfügbar

Damit das, was wir hier schreiben, für Dich nachvollziehbar wird, müssen wir Dich unbedingt an eine ganz wichtige Tatsache erinnern: Wohl-Sein ist eine Energie, die jederzeit und überall fließt. Wohl-Sein ist für Dich gemacht! Das Universum will, dass es Dir gut geht. Alles, was Du Dir jemals laut oder in Gedanken gewünscht hast, ist von Dir als Schwingung ausgestrahlt worden. Die Ur-Kraft hat es verstanden und darauf reagiert, und nun wirst Du lernen, Dich in den Zustand der erfüllten Wünsche *hineinzufühlen,* Schritt für Schritt, Deinen Möglichkeiten entsprechend.

Du bist eine physische Manifestation der Ur-Kraft

Du bist aus der Ur-Kraft hervorgegangen. Dein Denken ist schöpferisch und Du befindest dich an der vordersten Front der Evolution. Die Raum-Zeit-Realität, in der Du lebst, wurde durch die Macht des Denkens ins Dasein gerufen, lange bevor sie sich in der physischen Form manifestierte, die Du heute wahrnimmst. Alles in Deiner physischen Umgebung wurde aus der Nicht-Physischen Perspektive heraus erschaffen, von jener Macht, die die Ur-Kraft, Gott, genannt wird. Und so wie die Ur-Kraft Eure Welt und Euch selbst durch die Macht des zielgerichteten Denkens erschuf, erschafft auch Ihr Eure Welt und befindet Euch dabei an vorderster Front der Evolution in dieser Raum-Zeit-Realität.

Ihr selbst und das, was Ihr die Ur-Kraft oder Gott nennt, ist ein und dasselbe.
Du kannst von dieser Ur-Kraft niemals getrennt werden.
Die Ur-Kraft steht Dir jederzeit unbegrenzt zur Verfügung.
Wenn wir an Euch denken, denken wir an die Ur-Kraft.
Wenn wir an die Ur-Kraft denken, denken wir an Euch.
Die Ur-Kraft denkt niemals etwas, das sie von Euch trennen würde.

Du kannst niemals etwas denken, das Dich völlig von der Ur-Kraft trennen würde, aber Du kannst Gedanken denken, deren Schwingungen Deine natürliche Verbindung zur Ur-Kraft beeinträchtigen. Wir bezeichnen diesen Zustand als *Widerstand*.

Dieser innere Widerstand entspringt ausschließlich Deiner physischen Perspektive. Die Ur-Kraft und das aus ihr resultierende Wohl-Sein stehen dir jederzeit unbegrenzt zur Verfügung. Oft bist Du innerlich offen für dieses Wohl-Sein, doch manchmal bist Du es nicht. Wir möchten Dir helfen, diesen Zustand der inneren Verbindung zur Ur-Kraft, des »Angeschlossenseins«, *bewusst* zuzulassen, und zwar möglichst oft.

Als Manifestationen der Nicht-Physischen Energie stoßt Ihr mit Eurem Denken in völlig neue Regionen vor – und die Kontraste zwischen Euren Erfahrungen ermöglichen es Euch, Schlüsse zu ziehen und Entscheidungen zu treffen. Hast Du Dich erst einmal richtig auf Deinen Wunsch eingestimmt, wird die Nicht-Physische Energie, die ganze Welten erschafft, durch Dich fließen ... und das bedeutet Begeisterung, Leidenschaft und Triumph. Das ist Deine Bestimmung.

Aus dem Nicht-Physischen heraus hast Du Dich selbst erschaffen, und jetzt, im physischen Bereich, bist Du weiterhin schöpferisch. Wir alle brauchen Objekte, die unsere Aufmerksamkeit erregen, Wünsche, die uns elektrisieren, um die Energie, die uns durchströmt, wirklich in ihrer ganzen Fülle spüren und erfahren zu können. Damit sichern wir den Fortbestand von Allem-Was-Ist. Dieser Wunsch verhilft uns zu ewigem Leben.

Der evolutionäre Wert Deiner persönlichen Vorlieben

Unterschätze den Wert Deiner Vorlieben nicht, denn die Evolution Eures Planeten hängt davon ab, dass Ihr, die evolutionären Denker Eurer Welt, Euch auf die Feinabstimmung und Erfüllung Eurer Wünsche konzentriert. Und mit ihrer Gegensätzlichkeit und Widersprüchlichkeit bildet Eure Umwelt den idealen Hintergrund für die Herausbildung Eurer persönlichen Vorlieben. Ihr lebt inmitten von Gegensätzen, und daher strahlen neue Wünsche unaufhörlich von Euch aus, in Form von Schwingungs-Signalen, die von der Ur-Kraft empfangen und beantwortet werden. Auf diese Weise dehnt sich das Universum aus.

In diesem Buch geht es nicht um das sich ausdehnende Universum oder um die Ur-Kraft, die auf alle Eure Bitten antwortet, oder darum, ob Du es verdienst, dass Deine Wünsche erfüllt werden. Denn alles das sind Selbstverständlichkeiten. In diesem Buch geht es darum, wie Du in Dir einen Schwingungszustand erzeugen kannst, in dem Du offen dafür bist, alles zu empfangen, was Du Dir wünschst.

Die Wissenschaft der Bewussten Schöpfung

Wir möchten Dir helfen, bewusst zu erkennen, wozu Deine Umwelt Dich inspiriert, denn wir möchten, dass Du die Freude kennen lernst, die sich einstellt, wenn Du Deine eigene Wirklichkeit *bewusst* erschaffst. Du erschaffst Deine eigene Realität. Niemand anders erledigt das für Dich. Und: Du erschaffst Deine Realität auch dann, wenn Du Dir dessen *nicht* bewusst bist, doch in diesem Fall sind die Resultate oft unbefriedigend. Wenn Du die eigenen Gedanken bewusst wahrnimmst und Dein Denken gezielt, konzentriert einsetzt, dann erschaffst Du Deine Realität gezielt und gemäß Deinem bewussten Willen – ganz wie es Deine ursprüngliche Absicht war, als Du damals die Entscheidung trafst, in diesem Körper auf die Erde zu kommen.

Deine Wünsche und Überzeugungen sind lediglich Gedanken: »Bittet, so wird Euch gegeben.« Du bittest, betest, indem Du die Aufmerksamkeit auf etwas richtest. Wenn Du Dich auf eine Sache konzentrierst, ihr Aufmerksamkeit schenkst, ziehst Du sie damit in Dein Leben. Das gilt gleichermaßen, wenn Du Dich auf Erwünschtes konzentrierst, und wenn Du Dich auf *Unerwünschtes* konzentrierst. Es ist nicht nötig, dass Du Deine Bitte mit Worten formulierst. Du musst Deinen Wunsch lediglich fühlen: *Ich wünsche mir das. Ich finde das toll. Ich liebe diese Sache,* und so weiter. Ein solcher Wunsch setzt die magnetische Anziehungskraft in Gang.

Du wirst nie müde werden, Deinen Horizont zu erweitern und Neues zu erschaffen, denn der Fluss des immer neuen Begehrens und Wünschens ist unendlich. Mit jedem neuen Gedanken an etwas, das Du gerne erleben, besitzen, kennen lernen möchtest … entsteht eine neue Manifestation – und aus dieser Manifestation ergibt sich eine neue Perspektive, die wiederum neue Wünsche nach sich zieht. Die Kontraste sind unzählig, die Vielfalt grenzenlos, und so werden immer neue Wünsche entstehen, immer wieder wirst Du »bitten und beten«, und immer wieder wird Deine Bitte erhört werden. Auf diese Weise verändert sich unaufhörlich Deine Perspektive, was zu immer neuer Inspiration für weitere Wünsche führt.

Hast Du Dich einmal mit der Vorstellung angefreundet, dass Du unsterblich bist, dass in Dir immer wieder neue Wünsche entstehen werden, dass die Ur-Kraft auf ewig Deine Bitten erhören wird, dann versetzt Dich das in die Lage, Dich zu entspannen, auch wenn gegenwärtig einige Deiner Wünsche noch unerfüllt sind.

Unser Wunsch ist es, dass Du glücklich wirst, mit dem, was Du bist und hast – und dass Du doch zugleich nach mehr verlangst. Das ist die optimale Haltung, um Neues hervorzubringen: Du stehst an der Vorderfront des evolutionären Prozesses, erfüllt von neugieriger, optimistischer Erwartung – ohne dass Ungeduld, Zweifel oder Minderwertigkeitskomplexe den Fluss des Guten behindern, der das Gewünschte zu Dir trägt. Übe Dich in dieser Haltung, denn das macht Dich zum Meister oder zur Meisterin in der Kunst der Bewussten Schöpfung.

5. KAPITEL

Im Grunde ist alles ganz einfach

Es gibt einen Energiestrom, der durch alles fließt, was existiert, überall im Universum. Er ist die Grundlage aller Schöpfung, die Basis von Allem-Was-Ist. Und er ist auch die Grundlage Eurer irdischen Welt. Manche Menschen sind sich dieser Energie bewusst, die meisten jedoch nicht. Doch der Wirkung dieser Energie kann sich niemand entziehen.

Wenn Du beginnst, diese Grundlage Eurer Welt zu verstehen, wenn Du nach dieser Ur-Kraft zu suchen beginnst, oder besser, ein *Gespür* für sie entwickelst, wirst Du auch die Natur Deiner eigenen Erfahrungen verstehen, und ebenso die Erfahrungen Deiner Mitmenschen.

Die konsequente Anwendung der richtigen Formel führt zu vorhersehbaren Resultaten

So wie man die Gesetze der Mathematik verstehen und dann erfolgreich anwenden kann, gibt es auch logische, verlässliche Formeln zum richtigen Umgang mit Eurer physikalischen Welt, die stets vorhersagbare Resultate liefern. Diese Formeln sind so zuverlässig, dass Du mit ihrer Hilfe Deine zukünftigen Erfahrungen mit absoluter Genauigkeit vorhersagen kannst. Und zugleich versetzen sie Dich in die Lage, auch Deine vergangenen Erfahrungen besser zu verstehen, als es Dir bislang möglich war.

Du wirst Dich nie wieder als Opfer fühlen, in Vergangenheit und Zukunft, nie wieder der Illusion verfallen, dass unerwünschte Dinge in Dein Leben eindringen und Du keine Kontrolle über Deine Erfahrungen hast. Vielmehr wirst Du endlich begreifen, dass Du selbst die absolute schöpferische Kontrolle über Deine Lebenserfahrung ausübst. Und das wird Dich in die Lage versetzen, Deine Aufmerksamkeit Deiner eigenen schöpferischen Macht zuzuwenden, mit dem Resultat, dass buchstäblich das ganze Universum bei der Erfüllung Deiner spezifischen Wünsche mitwirkt. Diese Erkenntnis wird in Dir eine unbeschreibliche Freude auslösen. Und Du hast, wie alle Menschen, dieses unbegrenzte Potenzial! Nur sind sich die meisten dessen nicht bewusst.

Es wird außerordentlich befriedigend für Dich sein, Deine ureigenen, persönlichen Wünsche zu identifizieren, die aus Deinen kontrastreichen Lebenserfahrungen entstehen, und zu wissen, dass jeder dieser Wünsche uneingeschränkt in Erfüllung gehen kann. Dieses Wissen, diese Klarheit über die fundamentalen Gesetze des Universums, wird Dich in die Lage versetzen, die Zeitspanne zwischen dem ersten Gedanken an einen neuen Wunsch und der völligen Manifestation dieses Wunsches immer mehr zu verkürzen.

Du wirst erfahren, dass Du alles, was Du Dir wünschst, rasch und mühelos in Dein Leben ziehen kannst.

Du bist ein Energie-Wesen in einer energetischen Umwelt

Du kannst *spüren*, ob Dein Kanal zur Ur-Kraft frei und offen ist oder nicht. Mit anderen Worten, je besser Du Dich fühlst, desto offener bist Du für die Ur-Kraft. Je schlechter Du Dich fühlst, desto mehr blockierst Du den Kanal. Wohlgefühl zeigt an, dass Du Dich innerlich für die Ur-Kraft geöffnet hast. Unbehagen zeigt an, dass Du Dich innerlich verschließt und Widerstand gegen das Gute aufbaust.

Du bist, auch in Deiner physischen Manifestation aus Fleisch, Blut und Knochen, ein Energie-Wesen, ein Schwingungs-Wesen. Und alles, was Du in der physischen Welt erlebst, ist Schwingung. Nur Deine Fähigkeit, unterschiedliche Schwingungsfrequenzen in Sinneserfahrungen zu übersetzen, ermöglicht es Dir, die physische Welt überhaupt zu verstehen. Mit Hilfe Deiner Augen übersetzt Du Schwingungen in das, was Du siehst. Durch den Gebrauch Deiner Ohren übersetzt Du

Schwingungen in die Laute, die Du hörst. Selbst Deine Nase, Deine Zunge und die Fingerspitzen übersetzen Schwingungen in Gerüche, Geschmack und Tasterfahrungen, die Dir helfen, Deine Welt zu verstehen. Doch Dein am höchsten entwickeltes System zur Interpretation von Schwingungen sind Deine Emotionen.

Deine Emotionen als System zur Deutung von Schwingungen

Indem Du auf die Signale Deines Emotional-Systems achtest, kannst Du mit großer Präzision alle Aspekte Deines Lebens in Vergangenheit, Gegenwart und Zukunft entschlüsseln und verstehen. Und mit einer Genauigkeit und Leichtigkeit, wie Du sie vielleicht nie zuvor erfahren hast, ermöglicht dieses neue Verständnis Deiner Emotionen es Dir, Deine künftigen Erfahrungen auf angenehme, erfreuliche Weise selbst zu orchestrieren und zu dirigieren.

Wenn Du stets darauf achtest, wie Du Dich gerade fühlst, kannst Du den Sinn Deines Hierseins erfüllen und Dich in jener schönen, glücklichen Weise entwickeln, wie Du es vor Deiner Ankunft auf dem Planeten selbst geplant hattest. Wenn Du Deine emotionale Verbindung zu Deinem wahren Wesen verstehst, wirst Du nicht nur verstehen, was in Deiner Welt geschieht und warum, sondern auch jedes andere lebendige Wesen, mit dem Du in Kontakt trittst. Von da an wird es in Deiner Welt keine unbeantwortbaren Fragen mehr geben. Du wirst –

aus einer sehr umfassenden Nicht-Physischen Perspektive, aber auch durch Deine persönliche physische Erfahrung – alle Aspekte Deiner früheren, jetzigen und künftigen Persönlichkeit vollständig verstehen.

6. KAPITEL

Das Gesetz der Anziehung, das machtvollste Gesetz im Universum

Jeder Gedanke schwingt, jeder Gedanke sendet ein Signal aus, und jeder Gedanke zieht wiederum ein passendes Signal aus der Umwelt an. Wir nennen diesen Vorgang das *Gesetz der Anziehung*.

Das *Gesetz der Anziehung* lautet: *Gleiches zieht Gleiches an*. Man könnte das machtvolle *Gesetz der Anziehung* also als eine Art kosmischen Manager betrachten, der dafür sorgt, dass alle zueinander passenden Gedanken auch tatsächlich zueinander finden.

Dieses Prinzip lässt sich am besten verstehen, wenn Du ein Radio einschaltest und den Empfänger bewusst auf die Frequenz eines bestimmten Radiosenders einstellst. Wenn eine Sendung auf der Mittelwellen-Frequenz 101 ausgestrahlt wird, dann kannst Du wohl kaum erwarten, sie zu empfangen, wenn Dein Radio auf die Frequenz 98.6 eingestellt ist. Vielmehr muss der Radioempfänger auf die gleiche Frequenz eingestellt sein wie der Sender, und so verhält es sich auch mit dem *Gesetz der Anziehung*.

Wenn Deine Lebenserfahrungen Dich also dazu anregen, wahre Schwingungs-Kaskaden von Wünschen an das Universum zu senden, musst Du anschließend dafür sorgen, dass Du einen Schwingungs-Zustand aufrechterhältst, der zu diesen Wünschen in Harmonie ist, da sie sich sonst nicht in Deinem Leben manifestieren können.

Worauf richtest Du Deine Aufmerksamkeit?

Jedes Mal, wenn Du Deine Aufmerksamkeit auf etwas lenkst, sendest Du eine Schwingung aus, und diese Schwingungen werden von der Ur-Kraft, dem Universum, als Bitte interpretiert, was bewirkt, dass Du das Entsprechende in Dein Leben ziehst.

Wenn Du Dir etwas wünschst, das Du noch nicht besitzt, musst Du lediglich Deine Aufmerksamkeit darauf richten. Dann wird es, gemäß dem *Gesetz der Anziehung*, zu Dir kommen, da Du eine Schwingung ausgestrahlt hast, die dem Gewünschten, sei es ein Ding oder eine Erfahrung, entspricht und es in Dein Leben zieht. Das ist *Gesetz*.

Begehrst Du allerdings etwas, das Du gegenwärtig *nicht* besitzt, und richtest dabei Deine Aufmerksamkeit auf diesen Zustand des *Nicht-Habens*, dann wird das Gesetz der Anziehung dafür sorgen, dass deine Erfahrung dieser Schwingung des *Nicht-Habens* entspricht, und so wirst Du auch weiterhin *nicht haben,* was Du Dir wünschst. Auch das ist *Gesetz.*

Wie kann ich feststellen, was ich gegenwärtig in mein Leben ziehe?

Der Schlüssel dazu, etwas Gewünschtes in Dein Leben zu ziehen, besteht darin, dass Du Dich selbst in Schwingungs-Harmonie zu dem Gewünschten bringst. Das lässt sich am leichtesten bewerkstelligen, indem Du Dir möglichst lebhaft vorstellst, bereits im Besitz des Gewünschten zu sein. Du musst so tun, als sei es bereits Teil Deiner Erfahrung, und Dich auf die Freude konzentrieren, die die Erfüllung Deines Wunsches Dir bereitet. Wenn Du diese Gedanken beharrlich aussendest, öffnest Du Dich damit dafür, das Gewünschte tatsächlich zu erleben.

Indem Du stets darauf achtest, wie Du Dich *fühlst,* kannst Du leicht feststellen, ob Du Dich auf Deinen Wunsch konzentrierst oder auf den *Mangel,* das Noch-Nicht-Haben, des Gewünschten. Wenn Deine Gedanken sich in Schwingungs-Harmonie zu Deinem Wunsch befinden, fühlst Du Dich gut – Deine Emotionen bewegen sich irgendwo auf der Skala zwischen Zufriedenheit, gespannter Erwartung und Freude. Richtest Du die Aufmerksamkeit hingegen auf den Mangel, darauf, dass Dein Wunsch noch unerfüllt ist, bewegen sich Deine Gefühle zwischen Pessimismus, Sorge, Entmutigung, Wut, Unsicherheit und Depression.

Wenn Du also *bewusst* Deine Emotionen beobachtest, wirst Du stets genau wissen, wie offen Du für die Erfüllung Deiner Wünsche bist und wie gut demnach Dein persönlicher Schöpfungs-Prozess funktioniert. Dann wirst Du nie mehr darüber rätseln, warum die Dinge sich in einer bestimmten Weise entwickeln. Deine Emotionen sind ein ausgezeichnetes Feedback-System. Wenn Du auf sie achtest, kannst Du Dich von ihnen zur Erfüllung aller Deiner Wünsche hinführen lassen.

Du bekommst das, worüber Du nachdenkst, ob Du willst oder nicht

Durch das machtvolle Gesetz der Anziehung ziehst Du die Essenz dessen in Dein Leben, worüber Du vorwiegend nachdenkst. Denkst Du also vor allem über die Dinge nach, die Du Dir herbeiwünschst, wird Deine Lebenserfahrung diese Dinge widerspiegeln. Aber genauso gilt: Wenn Du vor allem über das nachdenkst, was Du nicht willst, wird Deine Lebenserfahrung dies ebenfalls widerspiegeln.

Wenn Du über etwas nachdenkst, ist das fast so, als ob Du ein künftiges Ereignis vorausplanst. Wenn Du etwas wertschätzt, über Positives und Angenehmes nachdenkst, planst Du Deine Zukunft. Wenn Du Dir Sorgen machst, planst Du Deine Zukunft. (*Sich Sorgen machen* heißt im Klartext: Du benutzt Deine Imaginationskraft, um Dinge zu erschaffen, die Du gar nicht haben willst.)

Jeder Gedanke, jede Idee, jedes Lebewesen, jedes Ding ist Schwingung. Wenn Du also Deine

Aufmerksamkeit auf etwas richtest, selbst wenn es nur für einen kurzen Moment ist, beginnt die Schwingung Deines eigenen Seins die Schwingung dessen widerzuspiegeln, worauf Du Dich konzentriert hast. Je mehr Du über den betreffenden Gegenstand nachdenkst, desto mehr gleicht sich deine Schwingung der seinen an. Je ähnlicher die Schwingungs-Frequenzen werden, je mehr Anziehung besteht zwischen Dir und dem betreffenden Objekt oder Zustand. Dies setzt sich fort, solange Du nicht bewusst Deine Schwingung in eine andere Richtung veränderst. Von da an werden diejenigen Dinge von Dir angezogen, die dieser neuen Frequenz entsprechen.

Hast Du das *Gesetz der Anziehung* einmal begriffen, wirst Du nie mehr überrascht sein angesichts der Dinge, die in Deinem Erfahrungsbereich auftauchen. Denn nun weißt du, dass Du das alles selbst zu Dir eingeladen hast – durch Dein eigenes Denken. *Nichts kann in Deinen Erfahrungsbereich eindringen, das Du nicht selbst eingeladen hast, indem Du Dich gedanklich auf es konzentriertest.*

Da ausnahmslos alles dem *Gesetz der Anziehung* unterworfen ist, lässt sich die Wirkungsweise dieses Gesetzes rasch und mühelos verstehen. Hast Du einmal erkannt, dass Du alles bekommst, worüber Du nachdenkst, und – ebenso wichtig –, bist Du willens, Dir Deiner Gedanken bewusst zu werden, kannst Du vollständige Kontrolle über Deine Erfahrungen erlangen.

Wie groß sind Deine Schwingungs-Differenzen?

Hierzu nun ein paar Beispiele:
Schwingungsmäßig besteht ein sehr großer Unterschied zwischen Gedanken der *Wertschätzung* gegenüber Deinem Lebenspartner und Gedanken daran, was Du an ihm oder ihr ändern möchtest. Und die Beziehung zu Deinem Partner oder Deiner Partnerin spiegelt genau wider, worüber Du diesbezüglich in erster Linie nachdenkst. Denn, auch wenn Dir das gegenwärtig nicht bewusst sein mag, Du selbst hast Deine gegenwärtige Partnerschaft »herbeigedacht«.

Du wirst Deine finanzielle Situation nicht verbessern können, solange Du oft neiderfüllt an den Wohlstand Deines Nachbarn denkst. Denn die Schwingung Deines Wunsches und die Schwingung Deiner Neidgefühle unterscheiden sich voneinander.

Ein Verständnis Deiner eigenen Schwingungs-Natur wird es Dir ermöglichen, bewusst und gezielt Deine eigene Realität zu erschaffen. Und wenn Du darin etwas praktische Erfahrung gesammelt hast, wirst Du erkennen, dass alle Deine Wünsche sich leicht und mühelos realisieren lassen – denn es gibt nichts, das Du nicht sein, tun oder haben kannst.

Du bist ein Wesen, das Schwingungs-Energie bewusst lenken kann

Du bist Bewusstsein.
Du bist Energie.
Du bist Schwingung.
Du bist Elektrizität.
Du bist Ur-Kraft.
Du bist Schöpferin.
Du bist ein evolutionärer Denker.

Ihr Menschen seid in diesem sich entwickelnden, ständig im Werden begriffenen Universum die begabtesten, aktivsten Lenker und Nutzer jener Energie, die Welten erschafft.

Ihr seid schöpferische Genies, die in dieser evolutionären Raum-Zeit-Realität danach streben, dem Denken neue, nie da gewesene Horizonte zu eröffnen.

Auch wenn Dir das anfangs ziemlich sonderbar vorkommen mag, ist es sehr hilfreich für Dich, wenn Du Dich selbst als ein Schwingungs-Wesen akzeptierst. Denn Du lebst in einem Schwingungs-Universum, und die Gesetze, die dieses Universum regieren, wirken auf der energetischen Ebene der Schwingungs-Frequenzen.

Hast Du Dich einmal bewusst mit den Universellen Gesetzen vertraut gemacht und erkannt, warum die Dinge so reagieren, wie sie es tun, wird alle Verwirrung weichen und Du wirst klar und deutlich verstehen, wie die Welt funktioniert. Zweifel und Furcht werden Wissen und Zuversicht weichen, Unsicherheit wird der Sicherheit Platz machen – und die Freude als die Grundprämisse aller Deiner Erfahrungen wird in Dein Leben zurückkehren.

Wenn Deine Wünsche und Deine Überzeugungen sich in Schwingungs-Harmonie befinden

Gleiches wird von Gleichem angezogen, daher muss die Schwingung Deines Seins zur Schwingung Deines Wunsches passen, damit Du seine vollständige Erfüllung erfahren kannst. Wer sich etwas wünscht, sich dann aber vor allem auf die Abwesenheit des Gewünschten konzentriert, braucht nicht zu erwarten, dass sein Wunsch in Erfüllung geht. *Nur wenn Deine Wünsche und Deine Überzeugungen sich in Schwingungs-Harmonie befinden, können Deine Wünsche sich erfüllen, denn dann stimmt die Schwingung Deines Bewusstseins mit der Schwingung dessen überein, was Du Dir wünschst.*

Betrachten wir das Ganze einmal von einer höheren Warte aus: Du kommst auf die Erde und machst hier Erfahrungen, die Dich dazu veranlassen, aus Deiner göttlichen individuellen Perspektive heraus persönliche Vorlieben und Abneigungen zu definieren. Die Ur-Kraft, die Dich hört und liebt, antwortet unverzüglich auf Deine energetisch, elektrisch ausgesendeten Bitten, ob Du diese nun bewusst verbal formuliert hast oder nicht.

Worum Du auch bitten magst – sei es mit Worten oder in Form von subtilen Gedankenbildern des Gewünschten – Deine Bitte wird in jedem Fall erhört und beantwortet, immer, ohne Ausnahme. Wenn Du bittest, wird Dir stets gegeben.

Alles-Was-Ist ... profitiert von Deiner Existenz

Weil Deine spezielle Lebenserfahrung in Dir spezielle Wünsche weckt und weil die Ur-Kraft Deine Bitten hört und beantwortet – dehnt sich das Universum, in dem wir alle fokussiert sind, aus. Was für eine wunderbare Sache!

Eure gegenwärtige Raum-Zeit-Realität, Eure gegenwärtige Kultur, Eure gegenwärtige Sicht der Dinge – all diese Grundlagen Eurer individuellen Perspektive – haben sich im Lauf zahlloser Generationen entwickelt. Es wäre gar nicht möglich, all die vielen Wünsche, Werturteile und persönlichen Perspektiven zurückzuverfolgen, aus denen Dein einzigartiger Blickwinkel im Hier und Jetzt entstanden ist. Eines aber solltest Du Dir unbedingt klarmachen: Woraus auch immer Dein heutiger Blickwinkel entstanden sein mag – er *existiert*! Du existierst. Du denkst. Du nimmst wahr. Du bittest – und Deine Bitten werden von der Ur-Kraft beantwortet. Und Alles-Was-Ist profitiert von Deiner Existenz und Deiner individuellen Sicht der Dinge.

Deine Bedeutung steht also außer Frage, jedenfalls für uns. Wir sind uns Deines enormen Wertes voll bewusst. Er steht für uns ebenfalls außer Frage. Wir wissen, Du verdienst es, dass Dir die Energie, die Welten erschafft, alle Wünsche erfüllt – und wir wissen, dass sie dies in jedem Fall tut. Doch leider schneiden sich viele Menschen selbst von der Möglichkeit ab, genau die Dinge zu erhalten, um die sie das Universum bitten.

Entdecke die Kunst wieder, sich für das eigene Wohl-Sein zu öffnen und es zu genießen

Wir möchten, dass Du Deine angeborene Fähigkeit wiederentdeckst, dich für den natürlichen Wohl-Seins-Zustand des Universums zu öffnen, sodass Wohl-Sein frei und ungehindert in Dein Leben strömen kann. Diese Disziplin nennen wir die *Kunst des Sich-Öffnens*. Die *Kunst des Sich-Öffnens* besteht darin, sich nicht länger gegen das Wohl-Sein zu sträuben, auf das Du ein natürliches Anrecht hast. Denn dieses Wohl-Sein ist Dein Ursprung und Dein wahrer Seinszustand.

Es ist keinerlei Vorwissen nötig, um den Inhalt dieses Buches begreifen zu können. Es wurde geschrieben, damit Du die enthaltenen Informationen sofort nutzbringend anwenden kannst. Du bist bereit für diese Informationen, hier und jetzt, und diese Informationen sind bereit für Dich.

7. KAPITEL

Dein Denken ist evolutionär

Wir bezeichnen Euch gerne als die Speerspitze der Evolution, weil Ihr in Eurem physischen Körper, in Eurer physischen Umwelt, mit Euren physischen Erfahrungen die Teile von uns seid, die sich am weitesten in dieses evolutionäre Universum hinein ausdehnen.

Alles, was vorher war, kulminiert in dem, was Ihr heute seid. *Und so wie alle Eure Erfahrungen, von der Zeit Eurer physischen Geburt bis zum heutigen Zeitpunkt, in dem kulminieren, was Ihr heute seid, kulminiert alles, was Alles-Was-Ist jemals erfahren hat, in dem, was hier und jetzt als physische Lebenserfahrung auf dem Planeten Erde erlebt wird.*

Dadurch, dass jeder Mensch auf Eurem Planeten Erfahrungen macht, die zur Entstehung von Wünschen führen, entsteht eine Art ständige »Massen-Sammelbestellung«, die sich in dem manifestiert, was Ihr als die Evolution Eurer Welt bezeichnet. Je mehr Du selbst also mit anderen interagierst, desto mehr individuelle Vorlieben entwickelst Du und strahlst Du aus ... und je mehr Vorlieben und Wünsche Du selbst ausstrahlst, desto mehr Deiner Bitten werden beantwortet. Ein mächtiger Strom von Ur-Kraft, von ursprünglicher Schöpfungsenergie, fließt Dir zu und trägt das von Dir Gewünschte in Dein Leben. Mit anderen Worten, wegen dem, was so viele Menschen gelebt haben und leben, und wegen der schöpferischen Kraft *ihrer* vielen Wünsche, ist *Dein* persönliches Wohl-Sein, Deine zukünftige Erfahrung, bestens gesichert. Und auf ebensolche Weise tragen *Deine* gegenwärtigen Wünsche zu jenem Energie-Strom bei, von dem zukünftige Generationen profitieren werden.

Wenn Du Dir etwas wünschen kannst, kann das Universum es auch hervorbringen

Wenn Deine Teilnahme an Eurer gegenwärtigen Raum-Zeit-Realität in Dir bestimmte Wünsche weckt, dann verfügt das Universum auch über alle erforderlichen Mittel und Wege, um Dich mit dem zu versorgen, was Du ersehnst. Da Eure Fähigkeit, Euch für immer neue Geschenke zu öffnen, mit jedem erfüllten Wunsch zunimmt, kann die Erkenntnis, welches unerschöpfliche evolutionäre Potenzial Euch hiermit zur Verfügung steht, für diejenigen, welche sich zum ersten Mal dafür öffnen, wirklich atemberaubend sein. Für jene dagegen, die die entsprechenden Gesetzmäßigkeiten bereits verinnerlicht haben und stets offen sind für den kosmischen Strom des Wohl-Seins, ist dergleichen völlig normal. Der Wohl-Seins-Strom fließt selbst dann, wenn Du Dir dessen gar nicht bewusst bist. Aber wenn Du Dich *bewusst* auf ihn einstimmst, werden Deine schöpferischen Unternehmungen viel befriedigender sein, denn dann wirst Du entdecken, dass es für Dich keine unerfüllbaren Wünsche oder unerreichbaren Ziele gibt!

Es funktioniert, ob Du es verstehst oder nicht

Es ist nicht notwendig, dass Du dieses ewig expandierende Universum in seiner ganzen Komplexität verstehst, um seine vielen Vorzüge genießen zu können. Aber es *ist* notwendig, dass Du einen Weg findest, Dich für das Wohl-Sein zu öffnen, dessen nie versiegender Strom dich überall umgibt. Merke Dir die folgenden Sätze gut. Sie werden Dir helfen, Dich zu öffnen: *Es gibt nichts anderes als diesen Strom des Wohl-Seins. Du kannst Dich für ihn öffnen oder Dich dagegen sträuben, doch das Wohl-Sein ist allgegenwärtig und Dir jederzeit frei zugänglich.*

Du würdest nie auf die Idee kommen, in einem hell erleuchteten Zimmer nach dem »Dunkelheits-Schalter« zu suchen. Mit anderen Worten, es gibt ganz sicher keinen Schalter, mit dem Du ein Zimmer mit tintenschwarzer Dunkelheit fluten kannst, um das Licht zu verdrängen. Es gibt nur einen Schalter, mit dem Du den Licht erzeugenden Stromkreis unterbrechen kannst, eine Art Widerstand gegen das Licht. Dunkelheit herrscht nur, wenn das Licht abwesend ist. Und ebenso existiert keine Quelle des »Bösen«. Es gibt lediglich einen Widerstand gegen das Gute, der verhindert, dass das Gute frei in Dein Leben strömen kann. Es gibt auch keine Quelle der Krankheit, sondern lediglich einen Widerstand gegen Gesundheit, gegen das natürliche Wohl-Sein.

Wer nicht fragt, bekommt auch keine Antwort

Manchmal bekommt Esther Komplimente, weil sie die Weisheit Abrahams channelt, sodass andere von diesem Wissen profitieren können. Und auch wir schätzen es sehr, dass Esther uns diese Möglichkeit gibt. Doch wir möchten auch darauf hinweisen, dass der Empfang und die Übersetzung unserer Schwingung durch Esther nur einen Teil der Gleichung darstellt. Ohne die Fragen, die diesen Botschaften vorausgehen, könnte es keine Antworten geben.

Die Menschen in Deiner Zeit profitieren enorm von den Erfahrungen früherer Generationen. Ihre Erfahrungen und die daraus resultierenden Wünsche riefen Antworten der Ur-Kraft hervor, deren Wohltaten Ihr heute erntet. Und genauso fragt und bittet Ihr heute … so setzt sich die Evolution unaufhörlich fort. Siehst Du nun, dass unermessliche Schätze des Wohl-Seins genau vor Deiner Nase warten? Du musst nur in Schwingungs-Harmonie mit diesen Wohltaten gehen und dann einfach zugreifen. (Und ist Dir aufgefallen, dass dort, wo Du Dich befindest, an der Speerspitze, der Vorderfront der Evolution, niemals Gedränge herrscht und dass es daher nur wenige Menschen gibt, mit denen Du über diese Dinge sprechen kannst?)

Gegenwärtig durchleben manche Menschen Krisen und traumatische Erfahrungen, und wegen ihrer Lebensumstände haben die Bitten, die sie an das Universum richten, besonders intensive Auswirkungen, denn die Ur-Kraft antwortet ihnen mit der gleichen Intensität. Zwar ist der Mensch, der seine Bitte aussendet, oft so in seine traumatische Erfahrung verstrickt und dadurch innerlich verschlossen, dass er die Wohltaten, um die er bittet, selbst nicht empfangen kann, doch künftige Generationen – aber auch solche Zeitgenossen, die dafür offen genug sind – werden in jedem Fall von diesen Bitten profitieren.

Mache Dir bitte immer wieder Folgendes klar: *Es existiert ein unbegrenzter Wohl-Seins-Strom und ein unendlicher Überfluss an guten Dingen. Das alles ist Dir jederzeit frei zugänglich- unter einer Voraussetzung: Du musst Dich innerlich dafür öffnen, alle diese Segnungen zu empfangen. Solange Du Widerstand leistest, Dich innerlich gegen das Gute wehrst, kann es nicht frei in Dein Leben strömen.*

Öffne Deine Schleusen und lass Wohl-Sein in Dein Leben strömen

Verändere Dein Selbstbild! Sieh Dich, so wie Du jetzt im Moment bist, als ein Wesen, das uneingeschränkt vom Strom des Wohl-Seins profitiert.

Stell Dir vor, wie Du in diesem Strom des Glücks badest. Lächle und versuche zu akzeptieren, dass Du es uneingeschränkt verdienst, Dich an dieser Fülle zu erfreuen.

Deine Fähigkeit, Dich für den Strom des Wohl-Seins zu öffnen, hängt zweifellos davon ab, wie Deine momentane Lebenssituation aussieht. Es gibt Lebensumstände, bei denen Du Dich wirklich gesegnet fühlst, während Du andere Situationen als weniger gesegnet empfindest. Dieses Buch soll Dir die Erkenntnis vermitteln, dass Deine innere Offenheit und Aufnahmebereitschaft für Wohl-Sein davon abhängt, wie gesegnet Du Dich fühlst und in welchem Maße Du Gutes erwartest. Wie sehr Du Dich stattdessen ungesegnet fühlst und Schlechtes erwartest, zeigt Dir zuverlässig an, wie viel inneren Widerstand gegen das Wohl-Sein Du noch aufrechterhältst. Wir wünschen uns, dass die Lektüre unseres Buches Dir helfen wird, Dich von allen Denkgewohnheiten zu befreien, die den Strom des Wohl-Seins in Deinem Leben behindern und blockieren.

Hättest Du nicht im Laufe Deiner physischen Existenz widerstreitende Gedanken »aufgeschnappt«, die sich nicht in Schwingungs-Harmonie mit dem Wohl-Sein befinden, wärest Du bereits jetzt in vollem Umfang Empfänger und Nutznießer dieses Stroms alles Guten – denn Du bist, ganz buchstäblich, eine Manifestation desselben.

Es hängt ganz allein von Dir (und Deinen Emotionen) ab, ob Du Dein naturgegebenes Erbe des Wohl-Seins antrittst oder nicht. Und auch wenn die anderen Menschen Dich gewiss darin beeinflussen, wieweit Du Dich dem Wohl-Sein öffnest, hängt doch letztlich alles von Dir selbst ab. Du kannst die Schleusen öffnen und das Wohl-Sein unbegrenzt in Dein Leben strömen lassen, oder Du kannst Dich dafür entscheiden, Dir selbst das vorzuenthalten, auf das Du eigentlich ein natürliches Anrecht besitzt. Aber ob Du Dich nun widersetzt oder Dich öffnest, der Strom fließt ständig durch Dich hindurch, endlos, unerschöpflich, jederzeit voll verfügbar, wenn Du die erforderlichen Kurskorrekturen vornimmst.

Das Tor steht immer weit offen, Du musst nur hindurchgehen

Es muss sich nicht erst in Deinen äußeren Lebensumständen etwas verändern, damit Du Dich bewusst für den Wohl-Seins-Strom öffnen kannst. Selbst wenn Du zur Zeit im Gefängnis sitzt, an einer tödlichen Krankheit leidest, vor dem geschäftlichen Bankrott stehst oder Dein Ehepartner gerade die Scheidung eingereicht hat, befindest Du Dich dennoch stets am perfekten Ort in Zeit und Raum, um mit Deiner inneren Öffnung zu beginnen. Und Du musst dafür weder viel Mühe noch Zeit aufwenden. Es genügt, das Wirken der Universellen Gesetze zu verstehen und fest entschlossen den Zustand des *Offen-Seins* anzustreben.

Wenn Du mit dem Auto von einem Ort zum anderen reist, bist Du Dir darüber im Klaren, wo Du losfährst und wohin Du gelangen möchtest. Du akzeptierst, dass die Fahrt eine gewisse Zeit dauert und Du nicht augenblicklich von A nach B gelangen kannst. Und auch wenn Du es kaum erwarten kannst, Dein Fahrtziel zu erreichen, wirst Du nicht auf halbem Weg entmutigt aufgeben und zum Ausgangspunkt zurückfahren. Du fährst nicht immer wieder zwischen dem Ausgangspunkt und dem Punkt auf der Fahrtstrecke, wo Dich jedes Mal der Mut verlässt, hin und her, um dann schließlich, von der nie endenden Reise erschöpft, kraftlos zusammenzubrechen.

Du kommst nicht auf die Idee, grundsätzlich unfähig zu sein, das Ziel Deiner Autoreise zu erreichen. Du akzeptierst, dass die Fahrt eine gewisse Zeit dauert – und steuerst Deinen Wagen beharrlich dem Zielort entgegen. Du weißt, was dazu erforderlich ist – und tust es ganz einfach. Werde Dir darüber klar, dass die Reise von Deiner momentanen Lebenssituation hin zu jeder anderen Situation, die Du anstrebst, genauso leicht funktioniert und zu bewerkstelligen ist.

8. KAPITEL

Du bist Sender und Empfänger kosmischer Schwingungen

Nun bist Du bereit für den wichtigsten Aspekt, über den Du Dir unbedingt im Klaren sein solltest, wenn Du Deine physische Lebenserfahrung kontrollieren, bewusst erschaffen und genießen möchtest.

Noch mehr als das materielle Wesen, als das Du Dich selbst wahrzunehmen gelernt hast, bist Du – ein *Schwingungs-Wesen*. Wenn andere Menschen Dich wahrnehmen, sehen sie Dich mit ihren Augen und hören Dich mit ihren Ohren. Doch Du selbst präsentierst Dich ihnen und dem ganzen Universum auf eine wesentlich empathischere Art, die weit mehr umfasst als das, was sichtbar und hörbar ist: *Du bist ein Sender energetischer Schwingungen, und in jeder Sekunde Deiner Existenz strahlst Du Dein Signal aus.*

Während Du in diesem physischen Körper fokussiert bist und Dich im Wachzustand befindest, sendest Du unaufhörlich ein spezifisches, leicht zu identifizierendes Signal aus, welches augenblicklich empfangen, verstanden und beantwortet wird. Und von Augenblick zu Augenblick passen sich Deine gegenwärtigen und zukünftigen Lebensumstände dem Signal an, das Du *hier und jetzt* ausstrahlst. Das gesamte Universum wird also durch das beeinflusst, was Du in diesem Moment sendest.

Du bist eine ewige Persönlichkeit, die im Jetzt fokussiert ist

Deine gegenwärtige und zukünftige Welt wird unmittelbar von dem Signal beeinflusst, das Du hier und jetzt ausstrahlst. Deine Persönlichkeit ist in Wahrheit ewig und unverletzlich, aber Deine gegenwärtige psychische Ausrichtung, Dein Denken, erzeugt einen energetischen Fokus, der sehr machtvoll ist. Diese von Dir fokussierte Energie ist dieselbe Energie, die Welten erschafft. Und jetzt, in diesem Moment, erschafft sie Deine Welt.

Du verfügst über ein eingebautes *Feedback-System*, mit Indikatoren, die Dir helfen, die Stärke und Qualität Deines Signals und ebenso auch den Fokus Deiner Aufmerksamkeit zu erkennen. Vor allem aber kannst Du mit Hilfe dieses *Feedback-Systems* feststellen, wie gut Du Dich in Einklang mit dem Energie-Strom selbst befindest.

Deine Gefühle sind die Indikatoren dieses Feedback-Systems. Mit anderen Worten, die Art, wie Du Dich fühlst, zeigt Dir an, wie es um Deine Harmonie mit der Ur-Kraft bestellt ist und ob Du Dich in Schwingungs-Harmonie mit Deinen Zielen befindest – und zwar den Zielen, die Du Dir vor Deiner physischen Geburt gesteckt hast, ebenso wie Deinen momentanen.

Deine stärksten Glaubenssätze waren einst nur sanfte Gedanken

Jeder Gedanke, der jemals gedacht wurde, existiert noch immer. Und jedes Mal, wenn Du Dich auf einen Gedanken konzentrierst, aktivierst Du die Schwingung dieses Gedankens in Dir. Bei allem, dem Du gegenwärtig Deine Aufmerksamkeit widmest, handelt es sich um aktivierte Gedanken. Doch wenn Du Deine Aufmerksamkeit von einem Gedanken abwendest, wird er inaktiv und ruht. Bewusst deaktivieren lässt sich ein Gedanke nur, indem Du einen anderen aktivierst. Anders ausgedrückt, Du kannst Deine Aufmerksamkeit nur von einem Gedanken abwenden, indem Du sie einem anderen zuwendest.

Wenn Du Deine Aufmerksamkeit auf etwas richtest, ist diese Schwingung anfangs nicht sehr stark, aber wenn Du immer wieder an das Betreffende denkst oder darüber sprichst, wird die Schwingung stärker. Daher kann jedes Thema, wenn Du ihm genug Aufmerksamkeit widmest, zu einem dominanten Gedanken werden. Jeder Gedanke, dem Du mehr und mehr Aufmerksamkeit widmest und dessen Schwingung Du durch wiederholte Konzentration immer stärker praktizierst, entwickelt sich mit der Zeit zu einem *Glaubenssatz*.

Gedanken gewinnen an Kraft, je öfter und länger Du Dich mit ihnen beschäftigst

Da die Expansion Deiner Gedanken dem kosmischen *Gesetz der Anziehung* unterliegt, bewirkt die Tatsache, dass Du Dich gedanklich mit einer Sache beschäftigst, zwangsläufig, dass Deine eigene Schwingung sich zu einem gewissen Grad dieser Sache angleicht. Je öfter und intensiver Du über das Betreffende nachdenkst, desto mehr passt sich Deine Schwingung daran an.

Daraufhin stellen sich Emotionen ein, die Dir präzise anzeigen, ob die gedankliche Beschäftigung mit diesem Gegenstand Deine schwingungsmäßige Einstimmung auf die Ur-Kraft erhöht oder beeinträchtigt. Mit anderen Worten, je mehr Aufmerksamkeit Du einer bestimmten Sache widmest, desto stärker wird die Harmonie oder Disharmonie mit Deinem wahren Selbst. Befindet der Gegenstand Deiner Aufmerksamkeit sich in Einklang mit Deiner ursprünglichen inneren Weisheit, stellen sich gute, angenehme Gefühle ein. Steht der Gegenstand Deiner Aufmerksamkeit im Widerspruch zu Deiner Ur-Quelle, machen sich unangenehme Gefühle bemerkbar.

Die Dinge, denen Du Aufmerksamkeit widmest, lädst Du damit in Dein Leben ein

Jeder Gedanke, dem Du Aufmerksamkeit widmest, dehnt sich aus und nimmt mehr Raum in Deinem Schwingungs-Gemisch ein. Dabei spielt es keine

Rolle, ob Du Dich gedanklich mit etwas beschäftigst, das Du herbeiwünschst, oder mit etwas, das Du nicht haben willst – Deine gedankliche Aufmerksamkeit zieht es in Deinen Erfahrungsbereich.

Da dieses Universum auf Anziehung beruht, gibt es nicht die Möglichkeit, Dinge auszuschließen. Alles wird vielmehr integriert, einbezogen. Wenn Du also etwas siehst, das Du gern erleben möchtest und zu dem Du aus vollem Herzen *Ja* sagst, beziehst Du es damit in Deinen Erfahrungsbereich ein. Doch auch das, auf das Du Dich in negativer Weise konzentrierst, das Du nicht erleben möchtest und zu dem Du entschieden *Nein* sagst, beziehst Du durch Deine Konzentration darauf in Deinen Erfahrungsbereich ein. Du kannst Dinge nicht einladen oder ausschließen, indem Du *Ja* oder *Nein* zu Ihnen sagst, denn in diesem auf Anziehung basierenden Universum gibt es kein Ausschließen, kein Abgrenzen. Alles, worauf Du Dich konzentrierst, lädst Du in Dein Leben ein. Die Aufmerksamkeit, die Du einem Gegenstand widmest, ist gewissermaßen die Einladungskarte.

Daher geht es jenen Menschen, die das Leben hauptsächlich passiv beobachten, in guten Zeiten gut und in schlechten Zeiten schlecht. Da das, was sie beobachten, über eine Eigenschwingung verfügt, schließen sie es damit in ihr eigenes Schwingungs-Muster ein. Weil sie diese Schwingung also in ihr Muster aufnehmen, akzeptiert das Universum diese Ausrichtung ihrer Aufmerksamkeit – und gibt ihnen mehr davon. Beobachtern geht es also immer besser, je besser es ihnen geht, und immer schlechter, je schlechter es ihnen geht. Ein Mensch dagegen, der sich als schöpferischer Visionär betätigt, gedeiht *immer,* egal ob die Zeiten gerade gut oder schlecht sind.

Wenn Du Dich darin übst, Dich immer wieder auf eine bestimmte Sache zu konzentrieren, bringt das Gesetz der Anziehung Umstände, Bedingungen, Erfahrungen, Begegnungen mit anderen Menschen und grundsätzlich alles in Dein Leben, was zu Deiner vorherrschenden, gewohnheitsmäßigen Schwingung passt. Und der Umstand, dass sich um Dich herum nun immer mehr Dinge manifestieren, die zu Deinen Gedanken passen, bewirkt wiederum, dass sich Deine Schwingungs-Gewohnheiten immer mehr verfestigen. Und so ist aus einem einst kleinen, unbedeutenden Gedanken ein machtvoller Glaubenssatz geworden – und Deine machtvollen Glaubenssätze sind es, die Deine Erfahrungen gestalten.

9. KAPITEL

Der verborgene Wert Deiner emotionalen Reaktionen

Dein Gesichtssinn unterscheidet sich von Deinem Gehörsinn, und Dein Geruchssinn ist anders als Dein Tastsinn, doch obwohl sie sich unterscheiden, liefern sie alle jeweils Interpretationen von Schwingungen. Mit anderen Worten, wenn Du Dich einer heißen Herdplatte näherst, sagt Dein Gesichtssinn Dir nicht notwendigerweise, dass die Herdplatte heiß ist. Auch Dein Hörsinn und Dein Geschmacks- und Geruchssinn versetzen Dich nicht in die Lage, eine heiße Herdplatte zu erkennen. Doch wenn Du Dich mit Deinem Körper dem Herd näherst, teilen die Sensoren in Deiner Haut Dir mit, das dort schmerzhafte Hitze droht.

Du bist von Geburt an mit empfindlichen, hoch entwickelten, präzisen Organen zur Deutung von Schwingungen ausgestattet, die Dir dabei helfen, Deine Erfahrungen zu verstehen und zu definieren. Und zusätzlich zu Deinen fünf physischen Sinnen besitzt Du noch ein weiteres Sinnesinstrument, das Dir hilft, Deine Lebenserfahrungen zu interpretieren. Dieses zusätzliche Instrument sind Deine Emotionen.

Emotionen sind Indikatoren für Deinen Aufmerksamkeits-Fokus

In jedem Augenblick Deines Lebens zeigen Deine Emotionen Dir an, welche Schwingung in Deinem Bewusstsein gerade vorherrscht. Wenn Du also Deine Emotionen spürst, weißt Du, welche Schwingung Du momentan in das Universum ausstrahlst. Und wenn Du um das Gesetz der Anziehung weißt und Dir stets Deiner momentanen Schwingungen bewusst bist, kannst Du völlige Kontrolle darüber erlangen, welche Erfahrungen sich in Deinem Leben manifestieren. Du kannst dann Dein Schicksal selbst steuern und bestimmen.

Deine Emotionen haben einzig und allein eine Funktion: Sie zeigen Dir, wie es um Deine Beziehung zur Ur-Kraft bestellt ist. Und da sie Dir alles verraten, was Du über Deine Beziehung zur Ur-Kraft wissen möchtest und wissen musst, bezeichnen wir sie oft als Dein *Emotionales Feedback-System*.

Als Du die Entscheidung trafst, in diesem physischen Körper auf der Erde zu leben, wusstest Du um Deine ewige Verbindung zur Ur-Kraft, und Du wusstest, dass Deine Emotionen allzeit zuverlässige Indikatoren sein würden, die Dir in jedem Augenblick Deines Hierseins präzise anzeigen, wie gut Du in Kontakt mit der Ur-Kraft stehst. Dieses machtvolle Feedback-System, über das Du verfügst, bewirkte, dass Du am Beginn Deiner Lebensreise hier auf Erden keinerlei Angst oder Verwirrung spürtest – nur eine Ahnung, dass Dir ein wirklich vergnügliches, faszinierendes Abenteuer bevorstand.

Emotionen sind Indikatoren dafür, wie gut Du auf die Ur-Kraft eingestimmt bist

Deine Emotionen zeigen an, wie gut Du auf die Ur-Kraft eingestimmt bist. Zwar ist es unmöglich, derartig in Dissonanz zur Ur-Kraft zu geraten, dass die Verbindung völlig unterbrochen wird, aber die Gedanken, die Du wählst, können dennoch für erhebliche Schwankungen in der Verbindungsqualität zu jener Nicht-Physischen Energie sorgen, die Dein wahrer Ursprung ist. Etwas Zeit und Übung sind erforderlich, dann wirst Du in der Lage sein, in jedem Augenblick präzise zu fühlen, in welchem Maße Du Dich in Harmonie mit Deinem wahren Sein befindest, denn wenn Du völlig offen für die Ur-Kraft bist, gedeihst Du und fühlst Dich wohl, und je stärker Du das freie Fließen dieser Energie beeinträchtigst, desto unwohler fühlst Du Dich.

Du bist ein mit großer Macht ausgestattetes Wesen. Du hast völlige Freiheit, zu erschaffen und kreativ zu sein. Bist Du Dir dessen bewusst und konzentrierst Du Dich auf Dinge, die sich in Schwingungs-Harmonie mit diesem gesegneten Zustand befinden, empfindest Du grenzenlose Freude. Aber wenn Du Gedanken denkst, die im Widerspruch zu dieser Wahrheit stehen, fühlst Du die gegenteiligen Emotionen der Ohnmacht und Einschränkung. Alle Emotionen bewegen sich irgendwo auf dieser Skala, von der Freude bis zur Ohnmacht.

Nutze Deine Emotionen, um zum Wohl-Sein zurückzufinden

Wenn Du einen Gedanken denkst, der im Einklang zu Deinem wahren Sein steht, spürst Du dies in Deinem physischen Körper als wohltuende Harmonie. Freude, Liebe und ein Gefühl der Freiheit sind Beispiele für solche harmonischen Zustände. Und wenn Du Gedanken denkst, die sich *nicht* im Einklang mit Deinem wahren Sein befinden, spürst Du diese Disharmonie in Deinem Körper. Depression, Angst und Gefühle der Unfreiheit und Einengung sind Beispiele für solche disharmonischen Zustände.

In gleicher Weise wie ein Bildhauer aus Ton oder Stein eine Skulptur formt, die ihm gefällt, erschaffst Du, indem Du Energie formst. Du formst diese Energie mittels der Kraft Deiner gedanklichen Konzentration – indem Du über Dinge nachdenkst, Dich an Dinge erinnerst, Dir Dinge vorstellst. Du fokussierst die Energie, wenn Du sprichst, wenn Du zuhörst, wenn Du schweigst, wenn Du Dich erinnerst, und wenn Du Deine Phantasie einsetzt – Du fokussierst sie, indem Du Gedanken projizierst.

Wie ein Bildhauer mit der Zeit lernt, eine Skulptur präzise so zu gestalten, wie er es sich vorgestellt hat, *kannst Du lernen, die Energie, aus der ganze Welten erschaffen werden, mit Hilfe Deiner gedanklichen Konzentration präzise zu formen.* Und wie ein Bildhauer sich ganz buchstäblich mit seinen Händen an die materielle Umsetzung seiner inneren Vision *heranfühlt,* kannst Du Deine Emotionen einsetzen, um Deinen Weg hin zum Wohl-Sein zu *erfühlen.*

10. KAPITEL

Die drei Schritte auf dem Weg zur Erfüllung Deiner schönsten Träume

Der *Schöpfungs-Prozess* ist von Natur aus sehr einfach. Er besteht aus lediglich drei Schritten:

- **Schritt 1** (Deine Aufgabe): Du bittest.
- **Schritt 2** (nicht Deine Aufgabe): Deine Bitte wird beantwortet.
- **Schritt 3** (Deine Aufgabe): Die Antwort, die Erfüllung Deines Wunsches, muss von Dir akzeptiert werden (Du musst Dich dafür öffnen).

Schritt 1: Du bittest

Wegen der wundervollen und vielfältigen Umwelt, auf die Deine Aufmerksamkeit fokussiert ist, vollzieht sich **Schritt 1** mit Leichtigkeit und geradezu automatisch, denn aufgrund Deiner zahlreichen Wahlmöglichkeiten bilden sich Deine persönlichen

Vorlieben heraus. Alle Deine Wünsche – von den eher subtilen oder sogar unbewussten bis zu den klaren, starken und intensiven – entstehen aus den kontrastierenden Erfahrungen Deines Lebensalltags. Wünsche (also das, worum Du das Universum bittest) sind das natürliche Nebenprodukt Deines Lebens in dieser kontrastreichen Umwelt mit ihrer phantastischen Vielfalt. Und so ergibt sich **Schritt 1** ganz natürlich.

Schritt 2: Das Universum antwortet

Schritt 2 ist ein sehr einfacher Schritt, weil es dabei für Dich gar nichts zu tun gibt. **Schritt 2** ist ganz allein Sache der Nicht-Physischen Ur-Kraft, das Wirken GOTTES. Alle Deine Wünsche, ob Du um etwas Kleines bittest oder um etwas Großes, werden sofort erhört und erfüllt, ohne Ausnahme. Jedes individuelle Bewusst-Sein hat das Recht und die Fähigkeit, zu bitten und Wünsche zu äußern, und die Wünsche allen individuellen Bewusst-Seines werden vom Universum anerkannt und erfüllt, denn jeder einzelne Mensch und jedes andere Wesen wird respektiert und wertgeschätzt. Wenn Du bittest, wird Dir gegeben. Immer.

Du äußerst Deine Bitten manchmal verbal, aber öfter strahlst Du sie in Form von Schwingungen aus, als ein beständiger Strom Deiner persönlichen Vorlieben, von denen eine auf die andere aufbaut, und alle werden sie vom Universum respektiert und beantwortet.

Jede Frage wird beantwortet. Alle Wünsche werden erfüllt. Jedes Gebet wird erhört. Dass so viele Menschen hier widersprechen und Beispiele ihrer unerfüllt gebliebenen Wünsche anführen, liegt daran, dass sie den sehr wichtigen **Schritt 3** noch nicht verstanden und gemeistert haben. Und ohne diesen Schritt bleiben **Schritt 1** und **2** oft unbemerkt.

Schritt 3: Die Gabe des Universums annehmen

Schritt 3 ist die praktische Anwendung der *Kunst des Sich-Öffnens*. Dieser Schritt ist der Grund, warum Euer Feedback-System existiert. Bei **Schritt 3** geht es darum, dass Du die Schwingungs-Frequenz Deines Seins in Einklang mit der Schwingungs-Frequenz Deines Wunsches bringst. So wie Du Dein Radio auf eine bestimmte Frequenz einstellen musst, um den Sender Deiner Wahl hören zu können, musst Du die Schwingungs-Frequenz Deines Seins mit der Frequenz Deines Wunsches in Übereinstimmung bringen. Wir sprechen von der *Kunst des Sich-Öffnens,* und genau darum geht es: Du musst Dich innerlich öffnen, um in Dein Leben einzulassen, worum Du gebeten hast. Wenn Du nicht offen, nicht empfangsbereit bist, wird es so aussehen, als blieben Deine Bitten unbeantwortet, obwohl sie in Wahrheit durchaus beantwortet wurden. Es wird für Dich so aussehen, als würden Deine Gebete nicht erhört und als blieben Deine Wünsche unerfüllt – nicht, weil das Universum Dir gegenüber taub ist, sondern weil Deine Schwingung nicht mit jener Deines Wunsches übereinstimmt.

Dadurch ist der Weg für die Erfüllung des Wunsches versperrt, da Du ihm Deine Tür nicht öffnest.

Jedes Ding hat zwei Seiten: Wunscherfüllung und Mangel

Jedes Ding, jeder Gegenstand, dem Du Aufmerksamkeit widmest, hat zwei Aspekte: Es gibt das, was Du Dir wünschst, und den entsprechenden Mangelzustand. *Oft – selbst wenn Du glaubst, über etwas Wünschenswertes nachzudenken – denkst Du eigentlich an das Gegenteil des Gewünschten.* Zum Beispiel: »Ich möchte gesund sein; ich möchte nicht krank sein.«, »Ich wünsche mir finanzielle Sicherheit; ich möchte nicht unter Geldmangel leiden.«, »Ich wünsche mir eine glückliche Liebesbeziehung; ich will nicht allein sein.«

Zwischen dem, was Du denkst, und dem, was Du bekommst, besteht stets eine schwingungsmäßige Übereinstimmung. Daher ist es sehr hilfreich, bewusst auf den Zusammenhang zu achten zwischen dem, was Du denkst, und dem, was sich in Deinem Leben manifestiert. Aber noch hilfreicher ist es, wenn Du bereits erkennst, wohin Dein momentanes Denken Dich führen wird, noch ehe die Konsequenzen sich in Deinem Leben manifestiert haben. Hast Du einmal Deine Emotionen und ihre wichtigen Botschaften verstanden, musst Du nicht mehr warten, bis sich etwas in Deiner Erfahrung manifestiert hat, um erkennen zu können, welche Schwingung Du ausgestrahlt hast – daran, wie Du

Dich fühlst, erkennst Du genau, welche Ergebnisse Dein gegenwärtiges Denken zeitigen wird.

Konzentriere Dich auf Deinen Wunsch, nicht auf den Mangel, der durch seine Erfüllung behoben werden soll

Der Schöpfungs-Prozess vollzieht sich unaufhörlich, ob Du Dir dessen bewusst bist oder nicht. Wegen der Vielfalt und des Kontrast-Reichtums Deiner Erfahrungen bilden sich in Dir ständig neue Vorlieben heraus, und auch wenn Du Dir dessen nicht bewusst bist, strahlst Du diese ständig als Bitten hinaus an das Universum. Und in dem Moment, in dem Du eine Vorliebe ausstrahlst, empfängt die Ur-Kraft diese Deine Schwingungs-Bitte und schickt Dir mit Hilfe des Gesetzes der Anziehung unverzüglich eine Antwort. Alles, was Du dann noch tun musst, ist, in Schwingungs-Resonanz mit Deinem Wunsch zu gehen.

Der Grund dafür, dass Du nicht immer merkst, dass Deine Bitten beantwortet wurden, ist darin zu suchen, dass zwischen dem Bitten (**Schritt 1**) und dem Sich-Öffnen (**Schritt 3**) oft einige Zeit vergeht. Obwohl Du eine klare Bitte ausgesendet hast, die durch einen von Dir wahrgenommenen Kontrast ausgelöst wurde, konzentrierst Du Dich anschließend häufig auf die ursprüngliche Kontrast-Situation, die Auslöser Deines Wunsches war. Dadurch bleibst Du dann schwingungsmäßig stärker auf den Mangel ausgerichtet, durch den Dein Wunsch entstand, als auf den Wunsch selbst.

Nehmen wir beispielsweise an, Dein Auto leidet unter Altersschwäche und muss immer öfter in die Werkstatt. Angesichts seiner zunehmend verblassenden Schönheit erwacht in Dir der Wunsch nach einem neuen Wagen. Und da Du Dich sehr nach dem Gefühl der Sicherheit sehnst, dass ein neues, zuverlässiges Auto Dir bringen wird, hast Du eine wahre Schwingungs-Wunsch-Rakete losgeschickt. Die Ur-Kraft hat Deinen Wunsch empfangen und antwortet sofort darauf.

Doch weil Du nicht über die Gesetze des Universums und die *drei Schritte des Schöpfungs-Prozesses* Bescheid weißt, ist dieses neue, erfrischende Gefühl nur kurzlebig. Statt Dich immer wieder auf Deinen Wunsch zu konzentrieren und über diese Idee eines neuen, wundervollen Autos nachzudenken (und Dich so in Schwingungs-Harmonie mit dem Gewünschten zu bringen), blickst Du zurück auf das Auto, mit dem Du gegenwärtig herumfährst, und zählst immer wieder die Gründe auf, warum Du dringend ein neues brauchst. »Dieses alte Auto gefällt mir nicht mehr«, sagst Du und merkst nicht, dass Du durch diese gedankliche Beschäftigung in Schwingungs-Harmonie mit dem alten Wagen bleibst, statt Dich auf das neue Auto einzustimmen, das Du besitzen möchtest. »Ich brauche wirklich dringend ein neues Auto«, sagst Du Dir immer wieder und beschäftigst Dich gedanklich mit den Beulen, Roststellen und der unzuverlässig gewordenen Mechanik des alten Autos.

Jedes Mal, wenn Du wieder laut oder in Gedanken die Gründe aufzählst, warum Du ein neues

Auto brauchst, verstärkst Du damit unbewusst die Schwingung deiner gegenwärtigen, unbefriedigenden Situation. Und somit verhinderst Du, dass sich eine Schwingungs-Harmonie mit Deinem neuen Wunsch einstellen kann. Dementsprechend bist Du dann nicht empfangsbereit für das, worum Du bittest.

Solange Du Dich stärker auf das konzentrierst, was Du in einer bestimmten Situation nicht willst, kann das, was Du willst, nicht zu Dir kommen. Mit anderen Worten, wenn Du überwiegend an Dein schönes neues Auto denkst, ist es auf dem Weg zu Dir. Denkst Du aber überwiegend an Dein unzuverlässiges jetziges Auto, kann Dein neues Auto nicht zu Dir kommen, weil Du dann schwingungsmäßig noch nicht offen für es bist.

Es mag Dir zunächst schwierig erscheinen, klar zu unterscheiden, wann du tatsächlich konstruktiv an dein neues Auto denkst und wann Du an der unfruchtbaren Konzentration auf das alte festhältst. Hast Du aber einmal begriffen, wie Dein *Emotionales Feedback-System* funktioniert, wird es Dir leichtfallen, diese Unterscheidung zu treffen.

Nun weißt Du, wie Du Dir alle Wünsche erfüllen kannst

Hast Du einmal begriffen, dass Deine Gedanken darüber bestimmen, was Du in Dein Leben ziehst, und dass Deine *Gefühle* Dir anzeigen, in welchem Maße Du offen bist für die Erfüllung Deiner Wünsche oder Dich dagegen verschließt, kannst Du alles erschaffen, was Du Dir erträumst.

Es ist unmöglich, dass etwas, gegenüber dem Du ständig positive Gefühle hegst, sich negativ entwickelt. Ebenso ist es unmöglich, dass etwas, gegenüber dem Du ständig negative Gefühle hegst, sich zu Deinen Gunsten entwickelt. Die Art, wie Du Dich fühlst, zeigt Dir zuverlässig an, ob Du offen bist für Dein natürliches Wohl-Sein oder nicht.

Obwohl es keine Quelle des Krank-Seins gibt, kann es sein, dass Du Gedanken ins Universum ausstrahlst, die den natürlichen Fluss Deines Wohl-Seins hemmen. Gleichermaßen gilt, dass Du Gedanken ausstrahlen kannst, die den natürlichen Fluss Deines materiellen Wohlstandes hemmen, auch wenn im Universum keine Quelle der Armut existiert. Wohl-Sein ist ständig auf dem Weg zu Dir, und wenn Du Dir nicht angewöhnt hast, Gedanken zu denken, die seinen Fluss behindern und blockieren, erfährst Du Wohl-Sein in allen Bereichen Deines Lebens.

Dabei spielt keine Rolle, in welcher Relation Deine gegenwärtige Lebenssituation sich zu dem befindet, was Du Dir herbeiwünschst. Indem Du Deine Aufmerksamkeit darauf richtest, wie Du Dich jeweils *fühlst,* und Gedanken wählst, die sich gut anfühlen, die bewirken, dass Du Dich besser fühlst, kannst Du jederzeit in jenen Zustand des Wohl-Seins gelangen, der Deiner wahren Natur entspricht.

Je mehr Du Dich in Schwingungs-Harmonie mit dem größeren DU befindest, der reinen, positiven Nicht-Physischen Energie, aus der Du hervorgegangen bist, desto besser fühlst Du Dich. Wenn Du etwas wertschätzt, bringt Dich das in Schwingungs-Harmonie mit Deinem wahren Sein. Wenn Du jemanden liebst, bringt Dich das in Schwingungs-Harmonie mit Deinem wahren Sein. Suchst Du aber bei Dir und anderen Menschen nach Fehlern und Schwächen und konzentrierst Dich auf negative Eigenschaften, strahlst Du eine Schwingung ins Universum, die nicht Deinem wahren Sein entspricht. Die negativen Gefühle, die das in Dir auslöst, zeigen an, dass Du eine störende, hemmende Schwingung aussendest und nicht offen bist für die Verbindung zwischen Deinem physischen Selbst und dem Nicht-Physischen Teil von Dir.

Diesen Nicht-Physischen Teil von Dir bezeichnen wir oft als Dein *Inneres Sein* oder Deine *Ur-Kraft*. Letztlich spielt es keine Rolle, wie Du die ursprüngliche *Energiequelle* oder *Lebenskraft* nennst – entscheidend ist, dass Du ständig bewusst beobachtest, ob Du innerlich offen für diese Schöpfungs-Energie bist oder ob Du ihr Fließen in irgendeiner Weise hemmst. Und Deine Emotionen zeigen Dir zuverlässig an, inwieweit Du den Energiefluss zulässt oder blockierst.

11. KAPITEL

Übung macht den geübten, fröhlichen Schöpfer!

Wenn Du bewusst auf Deine Gefühle achtest, wird es Dir immer besser gelingen, die Ur-Kraft in die gewünschten Bahnen zu lenken. So wirst Du zu einem disziplinierten und zugleich freudigen Schöpfer. Mit etwas Übung wirst Du die bewusste Kontrolle über diese *Schöpfungs-Energie* erlangen, und es wird Dir immer mehr Freude machen, wie ein erfahrener Bildhauer aus dieser Energie Deine Wünsche physisch zu materialisieren.

Beim Fokussieren der *Schöpfungs-Energie* gilt es, zwei Dinge zu beachten: erstens die Intensität und Geschwindigkeit dieser Energie und zweitens Dein Offenheits-Level, also, in welchem Maße Du den Energiefluss zulässt oder behinderst. Der erste Faktor hängt davon ab, wie viel Zeit Du für die Beschäftigung mit Deinem Wunsch aufgewendet und wie präzise Du ihn formuliert hast. Mit anderen Worten, wenn Du Dir etwas schon sehr lange wünschst, ist Deine Manifestierungs-Power viel größer, als wenn Dir dieser Wunsch heute zum ersten Mal in den Sinn kommt. Auch hast Du, wenn Du Dich schon länger mit einem Wunsch beschäftigst, zwangsläufig mehr Kontrast-Erfahrungen gemacht, die Dir helfen, Deinen Wunsch präziser auszuformulieren. Dadurch wird Deine Wunsch-Power zusätzlich verstärkt. Hat ein Wunsch einmal ein solches Potenzial erreicht, ist es ziemlich leicht für Dich, zu *fühlen,* wie es um den zweiten Faktor, den zweiten Teil der Gleichung bestellt ist: das Maß Deines Offen-Seins oder aber Deines inneren Widerstandes.

Nehmen wir an, Du denkst an etwas, das Du Dir schon sehr lange Zeit wünschst, das aber noch nicht eingetroffen ist. Stellt sich dabei eine starke negative Emotion ein, so ist das ein Zeichen, dass Du Dich nicht in Schwingungs-Harmonie mit dem Gewünschten befindest. Wenn Du dagegen an etwas denkst, das Du Dir schon sehr lange wünschst, und in Schwingungs-Harmonie zu Deinem Wunsch gehst, indem Du Dir vorstellst, dass er sich tatsächlich erfüllt, spiegelt sich dies in positiven Emotionen wider. Du empfindest Vorfreude und fühlst Dich gut.

Und so kannst Du, in jedem Moment, an Deinen Gefühlen erkennen, ob Du schwingungsmäßig auf Deinen Wunsch hin justiert bist oder auf das Fehlen des Gewünschten; ob Du innerlich offen für Deinen Wunsch bist oder ihn blockierst; ob Du also aktiv mithilfst, dass er in Erfüllung gehen kann, oder seine Verwirklichung behinderst.

Es geht nicht darum, die Gedanken zu kontrollieren, sondern sie zu lenken

Du lebst in einer technologisch hoch entwickelten Gesellschaft, wo Ihr jederzeit Zugang zu allem habt, was auf Eurem Planeten geschieht. Ständig werdet Ihr mit Gedanken und Ideen bombardiert, sodass Euer persönliches Erleben davon oft regelrecht überschwemmt oder überlagert werden kann. Angesichts dieser vielen fremden Gedanken, die ständig auf Dich einprasseln, mag es Dir unmöglich erscheinen, Deine eigenen Gedanken zu kontrollieren. Stattdessen neigst Du wie die meisten Deiner Mitmenschen vermutlich dazu, Deine Aufmerksamkeit auf alles zu richten, was gerade in Deinem Gesichtskreis auftaucht.

Wir empfehlen Dir nun nicht, dass Du Deine Gedanken zu kontrollieren versuchst. Stattdessen solltest Du lediglich versuchen, sie behutsam zu beeinflussen. Und eigentlich geht es noch nicht einmal darum, dass Du Deine Gedanken bewusst beeinflusst. Strebe stattdessen bestimmte *Gefühle* an. Wenn Du angenehme Gefühle anstrebst, bewirkt das automatisch, dass Du Gedanken denkst, die sich in größerer Schwingungs-Harmonie mit dem befinden, was Du als gut erachtest.

Das *Gesetz der Anziehung* organisiert und magnetisiert ohnehin unaufhörlich Deine Gedanken. Darum ist es äußerst hilfreich, die Funktionsweise dieses Gesetzes zu verstehen und bewusst mit ihm zu arbeiten, wenn Du Deine Gedanken in positivere Bahnen lenken möchtest.

Denke immer daran, dass Du einen Gedanken

energetisch aktivierst, wenn Du ihm Aufmerksamkeit schenkst. Das *Gesetz der Anziehung* reagiert sofort darauf, was bedeutet, dass sich andere Gedanken, die in Schwingungs-Harmonie mit dem von Dir aktivierten Gedanken sind, zu ihm dazugesellen, wodurch er kraftvoller und immer magnetischer wird. Erhältst Du diese Konzentration aufrecht und gibst diesem Gedanken immer mehr Raum, werden immer mehr ähnliche Gedanken von ihm angezogen ... und so fort.

Wenn ein häufig praktizierter Gedanke zu einem dominanten Gedanken wird

Immer wenn Du Dich längere Zeit gedanklich mit einem bestimmten Thema beschäftigst und dadurch eine kontinuierliche entsprechende Schwingungs-Aktivierung erzeugst, wird daraus ein dominanter Gedanke. Und wenn das geschieht, werden sich schließlich materielle *Dinge* manifestieren, deren Schwingung Deinem Gedanken entspricht. In gleicher Weise, wie zuvor schon ein Gedanke weitere ähnliche Gedanken anzog, werden nun Dinge, die zu Deinem dominanten Gedanken passen, in Deinem Erfahrungsbereich auftauchen: Zeitschriftenartikel, Gespräche mit Freunden über das betreffende Thema, persönliche Beobachtungen ... der Anziehungsprozess wird nun sehr offensichtlich. *Hast Du mit Hilfe konzentrierter Aufmerksamkeit einmal eine dominante Schwingung in Dir erzeugt, materialisieren sich dazu passende – erwünschte oder unerwünschte – Dinge in*

Deinem persönlichen Erfahrungsbereich. Das ist ein kosmisches Gesetz.

Wie Du ein bewusster Schöpfer werden kannst

Um wirklich vom Feedback Deiner Emotionen profitieren zu können, musst Du zunächst einmal akzeptieren, dass Wohl-Sein der einzige Energie-Strom ist, der im Universum existiert. Du kannst Dich für diesen Strom öffnen oder Dich dagegen sperren. Wenn Du Dich für ihn öffnest, geht es Dir gut; wenn Du Dich gegen ihn sperrst, wirst Du krank. Und daran, wie Du Dich *fühlst,* kannst Du ablesen, in welchem Maße Du den Wohl-Seins-Strom frei zirkulieren lässt oder Dich gegen ihn verschließt.

Die Ur-Kraft, Alles-Was-Ist, möchte, dass Du in jeder Hinsicht gedeihst. Sie möchte, dass Du Dich gut fühlst. Du *bist* gut. Du wirst geliebt, und Wohl-Sein ist Dir jederzeit uneingeschränkt zugänglich. Wenn Du es zulässt, wird es sich in allen Bereichen Deines Lebens manifestieren.

Alles, dem Du Aufmerksamkeit widmest, strahlt bereits eine energetische Schwingung aus. Wenn Du Deine Aufmerksamkeit auf einen Gegenstand richtest, beginnst Du in der gleichen Frequenz zu schwingen wie er. Jedes Mal wenn Du Dich auf diese Sache konzentrierst, justierst Du Dich auf die entsprechende Schwingung, sodass Dir dieses Einschwingen mit der Zeit immer leichter fällt und Du schließlich eine ausgeprägte Neigung in diese Richtung entwickelst. Es ist der Effekt, der stets eintritt, wenn Du irgendetwas regelmäßig übst – nach und nach fällt es Dir immer leichter. Und hast Du Dich lange genug auf eine bestimmte Vorstellung konzentriert und die dazugehörige Schwingung eingeübt, wird daraus ein so genannter *Glaubenssatz*.

Ein *Glaubenssatz* ist nichts weiter als eine gut eingeübte Schwingung. Mit anderen Worten, wenn Du einen Gedanken lange genug praktizierst hast, wird Dich das Gesetz der Anziehung jedes Mal, wenn Du Dich erneut mit dem Gegenstand dieses Gedankens beschäftigst, leicht und mühelos in die volle Schwingung Deines jeweiligen Glaubenssatzes führen. Man kann also sagen, dass das *Gesetz der Anziehung* diesen Glaubenssatz als den von Dir gewählten Aufmerksamkeits-Fokus akzeptiert und Dinge in Dein Leben bringt, die zu dieser Schwingung passen. Das führt dazu, dass Deine Lebenserfahrung diesen Gedanken entspricht, und Du schließt daraus: »Ja, das ist wahr.« Doch das, was Du im Licht des entsprechenden Glaubenssatzes »Wahrheit« nennen magst, ist letztlich das Produkt Deiner selbst gewählten Aufmerksamkeit. Es ist Deine eigene kreative Schöpfung.

Alles, dem Du Aufmerksamkeit schenkst, wird dadurch zu Deiner »Wahrheit«. Aufgrund des Gesetzes der Anziehung kann es nicht anders sein. Für Dich gilt, wie für alle Menschen: Dein Leben ist ein Spiegelbild der Gedanken, mit denen Du Dich vorwiegend beschäftigst. Von dieser Regel gibt es keine Ausnahme.

Hast Du Dich entschieden, Deine Gedanken bewusst selbst zu lenken?

Sich dafür zu entscheiden, die eigene Erfahrung *bewusst zu erschaffen*, heißt, die eigenen Gedanken bewusst zu lenken. Denn nur, wenn Du die Richtung Deines Denkens bewusst wählst, kannst Du beeinflussen, was das Gesetz der Anziehung in Dein Leben bringt.

Du kannst nicht damit fortfahren, in der gewohnten Weise zu reden, wahrzunehmen und Dinge zu bewerten, und gleichzeitig hoffen, andere Erfahrungen zu machen. Das wäre so unmöglich wie der Versuch, einen anderen Radiosender empfangen zu wollen, ohne den Empfänger entsprechend neu einzustellen. Du musst zunächst Deine eigene Schwingungs-Frequenz mit dem in Einklang bringen, was Du gerne erleben möchtest.

Wenn Du auf Deine Emotionen achtest und bewusst Gedanken wählst, die sich gut anfühlen, gebrauchst Du Dein *Emotionales Feedback-System* so, wie es ursprünglich gedacht war, als Du beschlossen hattest, Dich in dieser materiellen Welt physisch zu verkörpern.

Dein *Emotionales Feedback-System* ist ein präzises Anzeigeinstrument, an dem Du ablesen kannst, welche Schwingungen Du ins Universum aussendest und was Du demzufolge an Erfahrungen und Dingen in Dein Leben ziehst. *Manchmal ist es schwierig, zwischen dem Gedanken an das, was Du Dir wünschst, und dem Gedanken an das Noch-Nicht-Vorhandensein des Gewünschten zu unterscheiden. Aber es ist sehr einfach, zwischen den Gefühlen zu unterscheiden, die durch Gedanken an Deinen Wunsch oder aber an das Nicht-Vorhandensein des Gewünschten ausgelöst werden. Denn wenn Du ausschließlich auf Deinen Wunsch konzentriert bist (und sich dies in Deinem Schwingungs-Zustand widerspiegelt), fühlst Du Dich wunderbar. Und wenn Du Dich auf das Fehlen von etwas, das Du Dir wirklich wünschst, konzentrierst, fühlst Du Dich furchtbar. Deine Emotionen verraten Dir stets, welche Schwingungen Du gerade ausstrahlst. Deine Emotionen zeigen stets an, wie Dein Fokus ausgerichtet ist und was Du gegenwärtig in Dein Leben ziehst. Indem Du also auf Deine Emotionen achtest und bewusst Gedanken denkst, die sich positiv auf Deine Gefühle auswirken, kannst Du Dich gezielt in einen Schwingungs-Zustand bringen, der die Erfüllung aller Deiner Wünsche ermöglicht.*

Kannst Du die Idee akzeptieren, dass Du ein Energiewesen bist, ein Schwingungs-Wesen?

Für die meisten unserer Freunde in Menschengestalt ist es ungewohnt, sich ihr Leben als Schwingungs-Zustand vorzustellen. Und ganz sicher sind sie es nicht gewohnt, sich selbst als Funkempfänger und -sender zu betrachten – aber Ihr lebt nun einmal in einem *Schwingungs-Universum*, und Ihr seid in weit größerem Maße *Energie, Schwingung* oder *Elektrizität*, als es Euch bewusst ist.

Hast Du Dich aber einmal mit dieser zunächst ungewohnten Sichtweise vertraut gemacht und akzeptiert, dass Du ein Schwingungs-Wesen bist, das alles, was in seinen Erfahrungsbereich dringt, selbst auf magnetischem Wege angezogen hat, beginnt für Dich die überaus faszinierende und aufregende Zeit als *bewusster Schöpfer* oder *bewusste Schöpferin*. Hast Du einmal begriffen, welcher Zusammenhang zwischen Deinem Denken, Deinem Fühlen und Deinen Lebenserfahrungen besteht, öffnen sich für Dich alle Türen! Dann hältst Du sämtliche Schlüssel in Händen, die Du brauchst, um in allen Lebensbereichen vom Ist-Zustand in den Zustand der Wunscherfüllung zu gelangen.

12. KAPITEL

Du kannst Deinen emotionalen Fokus selbst steuern

Die meisten Leute glauben nicht, dass sie selbst die Kontrolle darüber haben, was sie glauben und was nicht. Sie beobachten und bewerten, was um sie herum geschieht, aber meist sind sie der Ansicht, keine Kontrolle über die Glaubenssätze zu haben, nach denen sie ihr Leben ausrichten. Sie verbringen ihren Alltag damit, Ereignisse als gut oder schlecht zu kategorisieren, erwünscht oder unerwünscht, richtig oder falsch – aber nur selten erkennen sie, dass sie durchaus fähig sind, ihre persönliche Beziehung zu diesen Ereignissen bewusst zu steuern.

Es ist unmöglich, Zustände zu kontrollieren, die von anderen Menschen erschaffen wurden

Da viele Menschen manche von anderen erschaffenen äußeren Bedingungen gut finden, während sie andere ablehnen, widmen sie sich dem unmöglichen Unterfangen, äußere Umstände zu kontrollieren. Indem sie persönliche Gewalt oder Anstrengung aufbringen oder sich zu Gruppen zusammenschließen, um sich stärker zu fühlen, bemühen sie sich, ihr eigenes Wohl-Sein dadurch zu bewahren, dass sie alle äußeren Umstände zu kontrollieren versuchen, die sie als Bedrohung betrachten. Doch dieses Universum beruht auf dem Gesetz der Anziehung und daher kann man nichts ausschließen oder aussperren. Je mehr diese Leute versuchen, sich bestimmten Entwicklungen oder Umständen zu widersetzen, desto mehr bringen sie sich dadurch in Schwingungs-Harmonie mit dem, was sie bekämpfen – und dadurch laden sie ungewollt gerade das, was sie so sehr ablehnen, in ihr Leben ein. Und da sich nun alle diese unerwünschten Dinge in ihrem Erfahrungsbereich manifestieren, fühlen sie sich in ihren Glaubenssätzen bestärkt (sie »beweisen« sich selbst, dass sie Recht haben und dass das von ihnen Abgelehnte tatsächlich so schlecht und schädlich ist, wie sie es ja immer schon gesagt hatten). Anders ausgedrückt: *Je mehr Du Deine Glaubenssätze verteidigst, desto mehr hilft das Gesetz der Anziehung Dir dabei, sie auszuleben.*

»Aber wessen ›Wahrheit‹ ist die wahre WAHRHEIT?«

Jede Sache, der Du genügend Aufmerksamkeit widmest, wird sich früher oder später physisch manifestieren. Und wenn nun andere Menschen, die Deine physische Manifestation sehen, ihr ebenfalls Aufmerksamkeit widmen, wird der betreffende Zustand zusätzlich verstärkt. Und schließlich wird diese Manifestation dann von immer mehr Leuten als »Wahrheit« betrachtet, und zwar unabhängig davon, ob diese »Wahrheit« angenehmer oder unangenehmer Natur ist.

Wir möchten Dich daran erinnern, dass Du die völlig freie Wahl hast, welche »Wahrheiten« Du in Deinem Leben erschaffst. Alle Eure Lebenserfahrungen entstehen ausschließlich dadurch, dass Ihr Eure Aufmerksamkeit auf etwas richtet. Hast Du das einmal begriffen, ist es leicht einzusehen, dass eine »Wahrheit« nur existiert, weil jemand ihr seine Aufmerksamkeit gewidmet hat. Wenn Du also sagst: »Ich sollte dieser oder jener Sache meine Aufmerksamkeit widmen, weil sie wahr ist«, heißt das eigentlich: »Bestimmte andere Leute haben ihre Aufmerksamkeit einer Sache gewidmet, die *sie* nicht wollten. Und indem sie dieser Sache Aufmerksamkeit geschenkt haben, haben sie sie in *ihr* Leben gezogen. Und weil sie das getan haben, sollte ich es auch tun.«

Es gibt viele wunderbare Sachen, die Menschen als wahr betrachten, und es gibt viele nicht so wunderbare Sachen, die Menschen ebenfalls als Wahrheit ansehen – beim Vorgang des *bewussten Er-*

schaffens geht es darum, die Erfahrungen, die Du für Dich als Wahrheiten erleben möchtest, gezielt auszuwählen.

Dein Aufmerksamkeits-Fokus bestimmt, was in Deinem Leben wahr ist

Wenn die Gedanken, die Du aktiviert hast, noch eher allgemeiner Natur und nicht sehr zielgerichtet sind, werden zunächst nur schwache Schwingungen ausgestrahlt, die über keine große Anziehungskraft verfügen. In diesem frühen Stadium werden sich die Ergebnisse Deiner Aufmerksamkeit normalerweise noch nicht physisch manifestieren. Aber auch wenn die Resultate noch nicht im Äußeren sichtbar Gestalt annehmen, werden doch bereits andere Gedanken angezogen, die sich in Schwingungs-Resonanz befinden. Mit anderen Worten, die Kraft des Gedankens wächst. Seine magnetische Energie wächst, und andere ähnliche Gedanken-Schwingungen gesellen sich hinzu. Und während der Gedanke an Schwungkraft gewinnt, erhältst Du ein emotionales Feedback darüber, inwieweit diese immer stärker werdende Gedanken-Schwingung im Einklang zu Deinem göttlichen Ursprung steht. Wenn sie mit Deinem wahren Sein harmoniert, wird Dir dies durch angenehme Gefühle angezeigt. Wenn sie damit *nicht* harmoniert, wird Dir das durch unangenehme Gefühle angezeigt.

Nehmen wir beispielsweise an, als Du klein warst, hat Deine Großmutter zu Dir gesagt: »Du bist ein wunderbares Kind. Ich liebe dich wirklich sehr. Du wirst ein erfülltes und glückliches Leben führen. Du hast so viele Talente, mit denen du Gutes in der Welt bewirken kannst.« Diese Worte fühlten sich angenehm an, denn sie standen in Schwingungs-Harmonie zu Deinem wahren Wesenskern. Aber wenn jemand zu Dir sagte: »Du bist schlecht. Du solltest dich schämen. Du hast mich enttäuscht. Du bist unfähig. Aus dir wird nie etwas werden«, fühlen diese Worte sich schrecklich an. Die Aufmerksamkeit, die Du ihnen gewidmet hast, bewirkte, dass Deine Schwingung von dem abwich, was Du wirklich bist und tief im Herzen wirklich weißt.

Die Art, wie Du Dich fühlst, zeigt Dir präzise an, wie gut oder wie schlecht Du in Einklang mit der Ur-Kraft stehst. Anders ausgedrückt, Deine Emotionen verraten Dir, ob Du innerlich offen bist für die Ur-Kraft oder ob Du dem frei fließenden Wohl-Seins-Strom Widerstand leistest.

Stimmungen als Indikatoren für Deine Emotionalen Set-Points

Wenn Du Dich längere Zeit auf einen Gedanken konzentrierst, fällt diese Konzentration Dir immer leichter, weil das *Gesetz der Anziehung* bewirkt, dass weitere ähnliche Gedanken sich zu dem ersten hinzugesellen. Emotional ausgedrückt, entwickelst Du eine Stimmung oder Geisteshaltung. Schwingungsmäßig ausgedrückt, machst Du Dir eine bestimmte Schwingungsfrequenz zur Gewohnheit. Eine solche gewohnheitsmäßige Schwingung oder Stimmung nennt man *Set-Point*.

Deine Stimmung vermittelt Dir einen guten Eindruck, was Du gegenwärtig in Dein Leben einlädst. Deine Stimmung, Dein gegenwärtiges Grundgefühl, das Du den verschiedenen Aspekten des Lebens entgegenbringst, zeigt deutlich, auf welchem Schwingungs-Level Du Dich gewohnheitsmäßig befindest. Mit anderen Worten, wenn ein Thema in Dir aktiviert wird, durch Erfahrungen, die Du in Deiner Umwelt machst, springt Deine Schwingung sofort zu der von Dir gewohnheitsmäßig am häufigsten aufgesuchten Frequenz, Deinem *Set-Point*.

Nehmen wir an, dass Deine Eltern während Deiner Kindheit ernste finanzielle Probleme hatten. In diesem Fall kreisten Eure häuslichen Gespräche häufig um Geldmangel und die Unmöglichkeit, sich materielle Wünsche zu erfüllen. Die damit einhergehenden Emotionen waren Sorge und Furcht. Wenn Du einen Wunsch äußertest, bekamst Du oft zu hören: »Geld wächst nicht auf Bäumen.« Oder: »Dass du dir etwas wünschst, bedeutet nicht, dass du es auch bekommst.« Oder: »Wie alle in dieser Familie solltest auch du lernen, mit wenig auszukommen. So ist es nun einmal …« Da Du jahrelang solchen Botschaften des Mangeldenkens ausgesetzt warst, ist Dein gewohnheitsmäßiges Denken zum Thema »Geld« – Dein *Emotionaler Set-Point* – so beschaffen, dass Du in finanzieller Hinsicht wenig vom Leben erwartest. Jedes Mal, wenn Du an Geld oder materielle Fülle dachtest, veränderte sich Deine emotionale Stimmung sofort in Richtung Enttäuschung, Sorge oder Wut.

Ein anderes Beispiel: Angenommen, Du musstest als Kind erleben, dass die Mutter Deiner Freundin bei einem Autounfall ums Leben kam. Da Du den Schock und das Trauma, die dadurch bei Deiner Freundin ausgelöst wurden, miterlebt hast, fingst Du an, Dir auch um das Wohl-Sein Deiner eigenen Eltern Sorgen zu machen. Immer wenn sie mit dem Auto unterwegs waren, befiel Dich große Angst, bis sie wohlbehalten zurückkehrten. Nach und nach entwickelte sich bei Dir dadurch eine gewohnheitsmäßige Besorgtheit um das Wohlergehen Dir nahe stehender Menschen. Ein Gefühl der Unsicherheit wurde zu Deinem *Emotionalen Set-Point*.

Oder nehmen wir an, als Du im Teenager-Alter warst, starb Deine Großmutter plötzlich an einem Herzanfall. Und in den folgenden Jahren hörtest Du Deine Mutter immer wieder sagen, dass sie sich Sorgen mache, ihr oder ihren Kindern (Dich eingeschlossen!) könne das Gleiche zustoßen. Jedes Mal, wenn Ihr auf die Großmutter zu sprechen kamt, wurde ihr plötzlicher, vorzeitiger Herztod zu einem emotionalen – und Angst auslösenden – Thema. Obgleich *Dein* Körper stark war und Du Dich physisch gesund fühltest, machte Dir eine nagende Sorge bezüglich Deiner physischen Unversehrtheit zu schaffen. Und so hast Du mit der Zeit einen *Emotionalen Set-Point* entwickelt, der um körperliche Verletzlichkeit kreist.

Deine Emotionalen Set-Points lassen sich verändern

So wie Deine Emotionalen Set-Points sich von einem inneren Wohlgefühl hin zu einer Grundstimmung des Unwohlseins oder der Unsicherheit verändern können, lassen sie sich auch vom Unwohlsein hin zu Wohlgefühl und Freude verändern, denn Set-Points entstehen einfach dadurch, dass Du einem bestimmten Thema Aufmerksamkeit widmest und bestimmte Denkmuster immer wieder praktizierst.

Jedoch konzentrieren sich die meisten Menschen nicht bewusst und gezielt auf bestimmte Gedanken, sondern lassen ihr Denken um alles kreisen, was gerade in ihrer Umgebung geschieht: Etwas ereignet sich. Sie beobachten das Ereignis. Sie spüren eine emotionale Reaktion auf das Beobachtete. Und da sie sich zumeist ohnmächtig fühlen und nicht glauben, das, was sie beobachten, kontrollieren zu können, schließen sie daraus, dass sie auch keine Kontrolle über ihre emotionale Reaktion auf das Beobachtete haben.

Wir möchten Dir klarmachen, dass Du absolute Kontrolle über Deine *Emotionalen Set-Points* hast. Denn wenn Du etwas erwartest, wird es geschehen. Zwar können die Details sich anders entwickeln als erwartet – aber die energetische Essenz wird immer genau mit Deinem Set-Point übereinstimmen.

13. KAPITEL

Lasse Dich von Deinen Gefühlen leiten

Es ist überaus nützlich, wenn Du Dir eine weitere wichtige Prämisse immer wieder ins Gedächtnis rufst, nämlich, dass Du eine physische Manifestation der Ur-Kraft bist und dass ein unerschöpflicher Energie-Strom zu Dir fließt – und dass *Du selbst* dieser Strom bist. Dieser Strom floss bereits, ehe das physische Wesen, mit dem Du Dich identifizierst, geboren wurde, und er wird nicht aufhören zu fließen, wenn dieses physische Wesen das durchmacht, was Ihr »Tod« nennt.

Ausnahmslos jedes lebendige Geschöpf, Tier, Mensch oder Pflanze, erfährt das, was Tod genannt wird. Der Geist, unser wahres Sein, ist ewig. Der Tod bedeutet also lediglich, dass sich die Perspektive dieses ewigen Geistes verändert. Wenn Du Dich in Deinem physischen Körper befindest und in bewusstem Kontakt zu jenem Geist stehst, dann ist Deine Natur ewig und Du brauchst keinerlei

»Endlichkeit« zu fürchten, denn aus dieser Perspektive gibt es sie nicht. (Du wirst niemals aufhören zu sein, denn Du bist ewiges Bewusstsein.)

Deine Emotionen zeigen Dir, wie viel Ur-Kraft Du gegenwärtig mittels Deiner jeweiligen Wünsche mobilisierst. Sie zeigen Dir außerdem, ob Deine vorherrschenden Gedanken auf die Erfüllung Deines Wunsches ausgerichtet sind oder auf den Mangelzustand, die Abwesenheit des Gewünschten. Gefühle der Leidenschaft und Begeisterung zeigen zum Beispiel an, dass Du sehr gut auf einen starken Wunsch fokussiert bist. Gefühle des Zorns oder der Rachlust deuten ebenfalls auf einen starken Wunsch hin. Ein Gefühl der Lethargie oder Langeweile zeigt hingegen an, dass momentan sehr wenig zielgerichtete Wunsch-Energie vorhanden ist.

Wenn Du Dir etwas wirklich sehr, sehr wünschst und der Gedanke an Deinen Wunsch Dir Freude bereitet, befindet sich Deine Schwingung in Einklang mit der Schwingungs-Frequenz Deines Wunsches – und der Energie-Strom der Ur-Kraft fließt ungehindert von Dir zu Deinem Wunsch und zieht ihn in Dein Leben. Wir nennen das: *Offen-Sein*. Wenn Du Dir aber etwas sehr, sehr wünschst und dabei Wut, Angst oder Enttäuschung empfindest, bedeutet das, dass Du auf das Gegenteil Deines Wunsches fokussiert bist. Dadurch fügst Du der Mischung eine weitere unharmonische Schwingung hinzu – und die Intensität der negativen Emotion, die Du nun erlebst, zeigt Dir an, wie groß Dein innerer Widerstand gegen die Erfüllung Deines Wunsches ist.

Lerne, auf Deine Gefühle zu achten

Wenn Emotionen stark sind – unabhängig davon, ob es sich um angenehme oder unangenehme handelt –, ist auch Dein Wunsch stark. Wenn die Emotionen nur schwach sind, ist Dein Wunsch weniger stark.

Wenn Emotionen sich gut anfühlen – seien sie schwach oder stark –, bist Du innerlich offen für die Erfüllung Deines Wunsches.

Wenn Emotionen sich unangenehm anfühlen – seien sie schwach oder stark –, sperrst Du Dich mehr oder weniger gegen die Erfüllung Deines Wunsches.

Deine Emotionen sind *absolute* Indikatoren Deines momentanen Schwingungs-Zustandes. Daher verraten sie Dir unfehlbar, was Du gegenwärtig in Dein Leben ziehst. In jedem Augenblick signalisieren sie Dir, ob Du gerade offen bist für die Erfüllung Deines Wunsches oder nicht.

Vielleicht glaubst Du, dass Du Deine Emotionen nicht kontrollieren kannst, oder Du glaubst, dass Du Deine Emotionen kontrollieren solltest. Wir möchten Dir jedoch eine andere Art des Umgangs mit ihnen vorschlagen: Wir möchten Dich ermutigen, Deine Emotionen einfach zu beobachten, damit sie ihre Funktion als wertvolle Indikatoren wirklich erfüllen können.

Ein Gefühl der Leere signalisiert Dir etwas sehr Wichtiges

Wenn die Tankuhr Deines Autos anzeigt, dass der Tank leer ist, kritisierst Du deshalb nicht die Tankuhr. Du akzeptierst die Information und füllst den Tank auf. Genauso zeigt ein negatives Gefühl Dir an, dass Du derzeit Gedanken wählst, die den von der Ur-Kraft in Dein Leben strömenden Energiefluss mehr oder weniger stark beeinträchtigen. (Man könnte sagen, dass der Benzinvorrat in Deinem Tank zur Neige zu gehen droht.)

Deine Emotionen sind selbst nicht schöpferisch, aber sie zeigen an, was Du gegenwärtig in Dein Leben ziehst. Wenn sie Dir anzeigen, dass Deine Gedanken die Erfüllung Deiner Wünsche behindern, solltest Du etwas dagegen unternehmen: *Verbessere Deinen Kontakt zur Ur-Kraft, indem Du Gedanken wählst, die positivere Gefühle in Dir auslösen.*

»Folge Deiner Freude« ist ein positiver Gedanke, oder nicht?

Wie bereits erwähnt, ist schon viel über die Kraft des positiven Denkens geschrieben worden, und wir können uns dem nur anschließen. Es gibt keinen besseren Rat für Dich und Deine Mitmenschen als den, dass Ihr Eurer Freude folgen sollt. Denn wenn Du stets nach Freude strebst, bringt Dich das zwangsläufig in Harmonie mit Deinem wahren Ursprung. Und diese Schwingungs-Harmonie verhilft Dir zu dauerhaftem Wohl-Sein. Wenn Du

Dich aber gegenwärtig in einer Lebenssituation befindest, die Dich veranlasst, eine von Lebensfreude sehr weit entfernte Schwingung auszustrahlen, dann ist es unmöglich für Dich, nach Freude zu streben. Denn das *Gesetz der Anziehung* verhindert, dass Du den dafür erforderlichen Frequenz-Sprung unternehmen kannst. Das geht so wenig, wie Du mit Deinem Radio einen Mittelwellensender hören kannst, wenn es auf UKW eingestellt ist.

Du verfügst über die Fähigkeit, Deine Gedanken selbst zu lenken

Du verfügst über die Fähigkeit, Deine Gedanken selbst zu lenken. Es steht Dir frei, die Dinge so wahrzunehmen, wie sie sind, oder sie Dir so vorzustellen, wie Du sie gerne haben möchtest – und jede dieser beiden Optionen, das Wahrnehmen und das Imaginieren, sind gleichermaßen machtvoll. Es steht dir frei, Dich an etwas so zu erinnern, wie es tatsächlich stattgefunden hat, oder zu imaginieren, wie dieses Ereignis nach Deiner Vorstellung hätte ablaufen sollen. Es steht Dir frei, Dich an etwas Erfreuliches oder an etwas Unerfreuliches zu erinnern. Es steht dir frei, von der Zukunft Gutes oder Schlechtes zu erwarten. In jedem Fall rufen Deine Gedanken eine Schwingung hervor, die Deinem Aufmerksamkeits-Fokus gemäß ist und das Entsprechende in Dein Leben zieht.

Du verfügst über die Fähigkeit, Deine Aufmerksamkeit in jede gewünschte Richtung zu lenken. Daher kannst Du sie von etwas Unerwünschtem abziehen und auf Wünschenswertes richten. Aber wenn Du eine bestimmte Schwingung über einen längeren Zeitraum praktiziert hast, besteht die Tendenz, sie auch weiterhin in gewohnter Weise auszusenden – auch wenn Du Dir noch so sehr wünschen magst, Deine Frequenz zu verändern.

Es ist aber gar nicht so schwierig, Dein Schwingungsmuster zu verändern. Du musst nur ein wenig Geduld aufbringen und schrittweise vorgehen. Hast Du einmal begriffen, wie Schwingungen funktionieren, wie sie Dein Erleben beeinflussen, und – das ist am wichtigsten – was Deine Emotionen Dir über Deine Schwingungen verraten, wirst Du rasche Fortschritte machen.

Was wir an Deiner Stelle tun würden

Es ist nicht Deine Aufgabe, sozusagen Gott die Arbeit abzunehmen und selbst Ereignisse zu *lenken* – das erledigen die Kräfte des Universums schon für Dich. Du musst Dich lediglich entscheiden, was Du Dir wünschst. Unwillkürlich bist Du ständig damit beschäftigt, Dich zwischen Gegensätzen zu entscheiden und immer neue Listen Deiner Vorlieben zu erstellen. So hilft Deine Lebenserfahrung Dir, immer wieder zu entscheiden, was Du im Leben bevorzugst, sei es bewusst oder unbewusst, und was Du Dir für Deine Zukunft erhoffst – und jede bewusste oder unbewusste Schwingungs-Sendung (oder Bitte) wird von der Ur-Kraft erhört und beantwortet.

Wenn Du eine Erfahrung machst, die Dir eine

deutliche Vorstellung davon vermittelt, was Du nicht willst, erkennst Du dadurch gleichzeitig, was Du *willst*. Bist Du Dir aber dessen, was Du *nicht* willst, auf schmerzhafte Weise bewusst, befindest Du Dich nicht in Schwingungs-Harmonie mit dem, was Du willst. Wenn Du einen Wunsch hegst, dessen Erfüllung Dir unmöglich erscheint, bist Du nicht in Harmonie mit der Ur-Kraft. Wenn Du Dir etwas wünschst, aber unglücklich bist, weil Du es noch nicht erlangt hast, bist Du nicht in Harmonie mit der Ur-Kraft. Wenn Du Menschen beneidest, die das, was Du Dir wünschst, bereits besitzen, bist Du nicht in Harmonie mit der Ur-Kraft.

Wenn wir an Deiner Stelle wären, würden wir unser Augenmerk darauf richten, uns in Harmonie mit den Wünschen und Vorlieben zu bringen, die wir ausgesendet haben – und den Weg zu dieser Harmonie würden wir finden, indem wir bewusst auf unsere Gefühle achten.

Deine natürlichen Wünsche lassen sich nicht unterdrücken

Ständig strahlst Du Deine Wünsche und Vorlieben ins Universum aus. Du kannst gar nicht anders, denn dies ist Deine Natur. Du befindest Dich an vorderster Front der Evolution eines Universums, in dem nun einmal diese Gesetzmäßigkeiten herrschen. Daher kannst Du Deine Wünsche nicht unterdrücken. Das ewige Naturgesetz dieses Universums will, dass Du Wünsche hast und diese erfüllt werden.

Die Grundlagen dieses sich ewig ausdehnenden Universums sind einfach:

- Vielfalt löst Nachdenken über Gegensätze aus.
- Dieses Nachdenken erzeugt Vorlieben.
- Vorlieben zu haben heißt, Bitten an das Universum zu richten.
- Alle Bitten werden gehört und beantwortet.

Was das Erschaffen Deiner eigenen Lebenserfahrung angeht, musst Du Dir lediglich eine wichtige Frage stellen: Wie kann ich mich in Schwingungs-Harmonie mit den Wünschen bringen, die aus den Erfahrungen, die ich im Leben mache, geboren werden?

Und die Antwort ist einfach: Achte darauf, wie Du Dich fühlst, und wähle gezielt Gedanken, die sich gut anfühlen, wenn Du sie denkst.

14. KAPITEL

Ein paar Dinge, die Du wusstest, ehe Du auf die Erde kamst

Erinnert Euch, dass Du und Deine Mitmenschen Schöpfer seid. Ihr seid in diese evolutionäre Raum-Zeit-Realität gekommen, um die Freude zu erfahren, die darin liegt, Schöpfungsenergie in die Erfahrungsbereiche Eures physischen Daseins zu lenken.

Vor Deiner Geburt in diesem Körper hast Du selbst die Entscheidung getroffen, hierher zu kommen. Damals wusstest Du, das Du ein Schöpfer oder eine Schöpferin bist und dass die Umwelt der Erde Dich zu Deinen ganz besonderen und individuellen Schöpfungen inspirieren würde. Du wusstest außerdem, dass Dir alles gegeben werden würde, worum Du bittest. Und aufregende Vorfreude erfüllte Dich angesichts der schöpferischen Inspirationen, die Du auf der Erde erleben würdest. Du warst erfüllt von der Gewissheit, dass die Ur-Kraft Dich durchströmt und es Dir ermöglicht, alle Deine Wünsche zu verwirklichen.

Außerdem wusstest Du Folgendes:

- Du kannst Dich gezielt auf das zubewegen, was Du Dir wünschst, indem Du stets nach Gefühlen der Freude und des Wohl-Seins strebst.

- Auf dem Weg hin zur Erfüllung Deiner Wünsche wirst Du Freude erleben.

- Die irdische Umwelt bietet Dir reichlich Spielraum, um Deine Schwingungen so zu gestalten, dass Du ein wunderbares, aufregendes Leben führen kannst.

- Da Wohl-Sein die Grundlage dieses wunderbaren Universums ist, wird Dir ausreichend Gelegenheit geboten, Dir mittels Deines Denkens ein angenehmes, erfreuliches Leben zu erschaffen.

- Wohl-Sein ist jederzeit im Überfluss vorhanden, sodass die kontrastreiche Umwelt, in die Du auf Erden hineingeboren wirst, von Dir völlig gefahrlos erlebt und erforscht werden kann.

- Die irdische Vielfalt hilft Dir, Deinen ganz individuellen Lebensweg zu gestalten.

- Deine Aufgabe besteht darin, Deine Gedanken in die gewünschten Bahnen zu lenken. Das bewirkt, dass sich Dein Leben Deinen Zielen entsprechend entfaltet.

- Du bist eine unsterbliche Manifestation der Universalen Ur-Kraft und daher von Natur aus gut.

- Es ist Dir ohne weiteres möglich, die Wohl-Seins-Energie, aus der Du selbst hervorgegangen bist, uneingeschränkt und frei durch Dein Leben strömen zu lassen.

- Du kannst niemals völlig von Deinem göttlichen Ursprung getrennt werden, Dich niemals völlig von jenem wohltätigen Energie-Strom abschneiden.

- Deine Emotionen zeigen Dir augenblicklich und präzise die Richtung Deines Denkens an – ob Du Dich auf die Erfüllung Deiner Wünsche zubewegst oder Dich davon entfernst.

- Daran, wie Du Dich gerade fühlst, kannst Du ablesen, wie weit Du offen bist für das Fließen der Ur-Kraft. Daher kamst Du mit der freudigen Erwartung in diese Welt, ein herrliches, erfülltes Leben zu führen!

- Und außerdem wusstest Du vor Deiner Geburt, dass in dieser Existenz Gedanken sich nicht unmittelbar, sondern nur allmählich manifestieren, sodass Du reichlich Gelegenheit hast, zu gestalten, auszuwerten und zu entscheiden, kurz, den Schöpfungs-Prozess wirklich zu genießen.

Wir bezeichnen die Zeit, die Dir zwischen dem Aussenden eines Gedankens und seiner physischen Manifestation zur Verfügung steht, als »Keimzeit«. Das ist jene wunderbare Phase, während der Du nach dem ersten Aussenden eines Gedankens Deine Ge-

fühle beobachtest, den Gedanken, den Wunsch, so modellierst und verfeinerst, dass er noch bessere Gefühle auslöst, und dann, in einem Zustand uneingeschränkter Erwartung und Vorfreude, das sanfte Aufblühen, die Entfaltung Deiner Wünsche genießt.

»Wie kommt es, dass ich keinen Erfolg habe, obwohl ich so viel weiß?«

Es gibt keinen Grund, warum auch nur ein einziger Deiner Wünsche unerfüllt bleiben sollte. Und ebenso wenig gibt es einen Grund, warum Du etwas erleben solltest, das Du nicht willst – denn Du hast die vollkommene Kontrolle über Deine Erfahrungen.

Diese wichtige Aussage ruft bei unseren physischen Freunden manchmal Widerspruch hervor, denn oft haben sie den Eindruck, dass ihre Wünsche unerfüllt bleiben und es in ihrem Leben eine Menge unerwünschter Dinge gibt. Daher argumentieren sie, dass sie nicht wirklich die Schöpfer ihrer eigenen Lebenserfahrung sein können, denn aus freien Stücken hätten sie sich all diese unerfreulichen Dinge niemals angetan. Hätten sie *wirklich* die Kontrolle über ihr Leben, sähe dieses völlig anders aus!

Wir aber versichern Dir, dass Du jederzeit Schöpfer Deiner Lebensumstände bist und die völlige Kontrolle hast. Unerwünschte, unerfreuliche Erfahrungen treten nur dann auf, wenn Du Deine Aufmerksamkeit überwiegend auf Dinge richtest, die Du Dir nicht wünschst.

»Kann ich mich wirklich auf das Gesetz der Anziehung verlassen?«

Das Gesetz der Anziehung bewirkt, dass sich stets das in Deinem Leben manifestiert, was der Essenz Deiner vorherrschenden Gedanken entspricht. Von dieser Regel gibt es keine Ausnahme. Du bekommst das, worüber Du überwiegend nachdenkst – ob Du willst oder nicht. Und wenn Du einmal über einige Zeit die Auswirkungen dieses Gesetzes bewusst beobachtest, wirst du erkennen, dass es stets vollkommen folgerichtig funktioniert. Es wird Dich niemals hereinlegen, denn es reagiert absolut präzise auf die Schwingungen, die Du aussendest. Die Verwirrung vieler Menschen kommt daher, dass sie bestimmte Schwingungen aussenden, ohne sich dessen bewusst zu sein. Sie wissen, dass sie bestimmte Wünsche hegen, die bislang nicht in Erfüllung gegangen sind. Aber oft machen sie sich nicht klar, dass ihr Denken überwiegend um das Gegenteil dessen kreist, was sie sich wünschen.

Hast Du einmal die Funktionsweise Deines *Emotionalen Feedback-Systems* begriffen, wirst Du nie mehr aus Unwissenheit negative Schwingungen in das Universum ausstrahlen. Und mit der Zeit wirst Du so gut darin werden, Deine jeweiligen Emotionen zu deuten, dass Du in jedem Augenblick genau weißt, ob der Gedanke, den Du gerade denkst, Dich der Erfüllung Deiner Wünsche näher bringt oder ob er diese Erfüllung behindert und verzögert. Deine Gefühle werden Dir ganz buchstäblich den Weg zur Erfüllung Deiner Wünsche weisen, und zwar in allen Lebensbereichen.

Das Gesetz der Anziehung besagt: Gleiches zieht Gleiches an. Daher manifestiert sich in Deinem Leben stets die physische Entsprechung dessen, worauf Du Dich überwiegend konzentrierst – die hauptsächlichen Inhalte Deines Denkens.

»Aber ich schaffe es einfach nicht von San Diego nach Phoenix!«

Wenn all dies wahr ist (und wir versprechen Dir, dass es wahr ist), wie kommt es dann, dass so viele Menschen so viel Unangenehmes erleben?

Denke einmal über die folgende Frage nach: *Wenn ich mich in Phoenix, Arizona, befinde und mir wünsche, in San Diego, Kalifornien, zu sein, wie schaffe ich es dann, mir diesen Wunsch zu erfüllen?* Die Antwort ist einfach: Ganz gleich, welches Transportmittel Du wählst – Flugzeug, Auto, oder gar die eigenen Füße –, wenn Du Dich in Richtung San Diego bewegst und diese Bewegung kontinuierlich beibehältst, wirst Du unweigerlich San Diego erreichen, früher oder später.

Würdest Du aber in Richtung San Diego aufbrechen, dann jedoch die Orientierung verlieren und Dich wieder auf Phoenix zubewegen, wiederum die Richtung ändern und erneut San Diego ansteuern, um dann abermals vom Kurs abzuschwenken ... könntest Du womöglich den Rest Deines Lebens damit zubringen, Dich hin und herzubewegen, ohne jemals in San Diego anzukommen. Da Du aber über gewisse Navigationskenntnisse verfügst, Straßenschilder und -karten zu Rate ziehen und andere Leute nach dem Weg fragen kannst, ist kaum anzunehmen, dass Du für immer durch die Wüste von Arizona irren würdest. Die 640 Kilometer lange Reise zwischen den beiden Städten lässt sich verhältnismäßig leicht bewältigen, und Du würdest Dein Ziel gewiss erreichen.

Was Deine Wünsche angeht, so lässt sich die Reise von Deinem momentanen Ist-Zustand hin zur Erfüllung dieser Wünsche ebenso leicht bewerkstelligen – wenn Du erst einmal gelernt hast, Deine jeweilige Position auf dem Weg genau zu bestimmen.

Nehmen wir beispielsweise an, Du möchtest von einem Zustand finanziellen Mangels zu materiellem Wohlstand gelangen. Deine bisherigen Schwierigkeiten auf diesem Weg sind darauf zurückzuführen, dass Du nicht gemerkt hast, wenn Du vom Kurs abkamst und Dich in die entgegengesetzte Richtung bewegt hast. Und der einzige Grund, warum Du die Reise vom Single-Dasein hin zu der erträumten glücklichen, erfüllten Partnerschaft noch nicht bewältigt hast, ist darin zu suchen, dass die Macht Deiner Gedanken und Worte Dich immer wieder zurück nach Phoenix geführt hat. Du weißt ganz genau, was erforderlich ist, um von Phoenix nach San Diego zu gelangen, aber Du hast noch nicht begriffen, was nötig ist, um von Krankheit zu blühender Gesundheit, vom Alleinsein zu glücklicher Zweisamkeit oder von Armut zu finanzieller Fülle zu gelangen.

Hast Du einmal begriffen, wie klar und eindeutig die Botschaften Deiner Emotionen sind, wirst Du nie wieder unsicher sein, was Du mit Deinen

Gedanken anfangen sollst. Du wirst Dir dann stets bewusst sein, ob Du unterwegs zur Wunscherfüllung bist oder ob Du vom Kurs zu Deinen Zielen abzukommen drohst. Von da an wirst Du Dich nie wieder in der Wüste verirren. Ja, Du wirst Dich unterwegs sogar entspannen und Deine phantastische Reise genießen können.

15. KAPITEL

Du bist ein vollkommenes, sich aber trotzdem ständig weiterentwickelndes Wesen in einer vollkommenen, sich aber trotzdem ständig weiterentwickelnden Welt in einem vollkommenen, sich aber trotzdem ständig weiterentwickelnden Universum

Es ist wichtig, dass Du Dir Folgendes klar machst:

- Du bist eine physische Manifestation der Ur-Kraft.

- Die physische Welt, in der Du lebst, bietet Dir eine perfekte Umgebung, um Dich schöpferisch zu entfalten.

- Die Vielfalt, die in dieser Welt herrscht, hilft Dir, eigene Wünsche und Vorlieben zu entwickeln.

- Wenn Du Dich gedanklich auf einen Wunsch konzentrierst, erzeugt die Schöpferische Lebens-Energie, die Ur-Kraft, sofort ein Feld zur Verwirklichung dieses Wunsches. Auf diese Weise dehnt sich das Universum aus, und das ist gut so.

- Der *Schöpfungs-Prozess* vollzieht sich auch, wenn Du Dir dessen nicht bewusst bist.

- Die evolutionäre Umwelt, in der Du physisch fokussiert bist, stimuliert Dich und alle anderen Wesen, die an ihrer Erschaffung beteiligt sind, zu immer neuen Wünschen.

- Jede Bitte, sei sie klein oder groß, wird von Alles-Was-Ist gehört, verstanden und beantwortet.

- Dadurch, dass alle Wünsche und Bitten aller wahrnehmenden Wesen stets erfüllt werden, expandiert das Universum.

- Da sich das Universum ausdehnt, nimmt auch die Vielfalt unaufhörlich zu.

- Da die Vielfalt zunimmt, nimmt auch der Reichtum Deiner Erfahrungen immer mehr zu.

- Die wachsende Vielfalt Deiner Erfahrungen weckt in Dir immer neue Wünsche.

- So trägst Du zur Expansion und Evolution des Universums bei, was sehr gut ist. Ja, es ist sogar perfekt.

- Mit jedem Wunsch, den das Universum Dir erfüllt, verändert sich Deine Perspektive, was spontan zur Entstehung neuer Wünsche führt.

- Daher beruhen die Evolution des Universums und

Deine persönliche Evolution auf den folgenden allgemein gültigen Grundlagen:

- Du lebst in einem evolutionären, expandierenden Universum.

- Du lebst in einer evolutionären, expandierenden Welt.

- Du bist ein evolutionäres, expandierendes Wesen.

- *Dies ist so, wie es ist,* ob Du Dir dessen bewusst bist oder nicht.

- Das Universum wird ewig expandieren und sich weiterentwickeln, und so wirst auch Du ewig expandieren und Dich weiterentwickeln.

- Und das ist gut so!

Nimm bewusst an Deiner eigenen wunderbaren Evolution und Expansion teil

Wir versorgen Dich nur aus einem einzigen Grund mit all diesen Informationen: damit Du *bewusst* an Deiner Evolution und Expansion teilnimmst. *Deine Expansion und Evolution ist eine unumstößliche Tatsache, und das gilt ebenso für die Expansion und Evolution Deiner Welt und die Expansion und Evolution dieses Universums. Es ist aber für Dich viel befriedigender, wenn Du an dieser wunderbaren Entwicklung bewusst teilnimmst.*

16. KAPITEL

Du bist Mitschöpfer in einem Universum von großartiger, göttlicher Vielfalt

Alles, was Du Dir vorzustellen vermagst oder an das Du zumindest zu denken vermagst, kann Dir in diesem Universum uneingeschränkt zuteil werden, denn es ist wie eine gut ausgestattete Küche, in der Dir zum Kochen Deiner bevorzugten Speisen alle erdenklichen Zutaten zur Verfügung stehen. In jedem Elementarteilchen dieses Universums existiert das, was gewünscht wird, und sein Gegenteil, der Mangel desselben. Diese Perspektive der Fülle, oder aber der fehlenden Fülle, ist nur möglich in einer Umwelt, die aus Kontrasten besteht – und durch Konzentration auf das Gewünschte (oder das Unerwünschte) wird das *Gesetz der Anziehung* aktiviert.

Wenn Du nicht fähig bist, zu wissen, was Du willst, bist Du auch nicht fähig, zu wissen, was Du nicht willst. Und ohne die Fähigkeit zu wissen, was Du nicht willst, könntest Du nicht wissen, was Du willst. So werden aus Deinen alltäglichen Lebenserfahrungen Deine natürlichen Vorlieben geboren. Tatsächlich strahlst Du in jedem Augenblick Deines physischen Lebens diese Vorlieben ins Universum aus, und zwar auf vielen Ebenen Deines Seins. Sogar die Zellen Deines wunderbaren Körpers machen ihre eigenen Erfahrungen und strahlen *ihre* jeweiligen Vorlieben aus – und alle diese Vorlieben oder Wünsche werden von der Ur-Kraft unverzüglich registriert und erfüllt, und zwar ausnahmslos.

Unerwünschtes muss zugelassen werden, um Erwünschtes empfangen zu können

Manchmal äußern unsere physischen Freunde den Wunsch nach einem weniger vielfältigen Universum. Sie sehnen sich nach einem Ort, wo es nicht so viele unerwünschte Phänomene gibt, einem Ort, wo die Dinge in größerem Maße genau so sind, wie sie es gerne hätten. Wir weisen dann stets darauf hin, dass eine solche Reduzierung Eurer physischen Umwelt auf einige wenige gute Ideen, über die Ihr alle einer Meinung seid, zwangsläufig zu Begrenztheit und Endlichkeit führen würde. Das ist jedoch unmöglich. Von Natur aus ist dieses Universum unendlich und dehnt sich unaufhörlich aus. Deshalb müssen darin alle Dinge, die möglich sind, auch zugelassen werden. Mit anderen Worten, um verstehen und erleben zu können, was Du Dir wünschst, muss auch dessen Gegenteil – das, was Du Dir nicht wünschst – vorhanden sein und von Dir angeschaut und verstanden werden können. Nur das versetzt Dich in die Lage, eine Wahl zu treffen und Dir Ziele zu setzen.

Du bist nicht hierher gekommen, um eine kaputte Welt zu reparieren

Du bist Nicht-Physische Ur-Kraft, die sich in der physischen Umwelt schöpferisch ausdrückt, und Deine physische Lebenserfahrung vollzieht sich an der vordersten Front des evolutionären Denkens. Und indem Du Deine kreativen Erfahrungen vorantreibst und entfaltest, überschreitest Du Grenzen und stößt mit Deinem Denken in völlig neue Regionen vor.

Voller Begeisterung hast Du Dich dafür entschieden, Dich in physischer Gestalt auf der Erde zu verkörpern und hier schöpferisch tätig zu sein. Damals wusstest Du, aus Deiner Nicht-Physischen Perspektive heraus, dass diese physische Welt nicht missraten oder kaputt ist und daher auch nicht verbessert oder in Ordnung gebracht werden muss. Das ist eindeutig nicht der Grund, warum Du gerne hierher kommen wolltest.

Du sahst diese physische Welt als schöpferisches Betätigungsfeld, wo Du, wie alle Deine Mitmenschen, reichlich Gelegenheit hast, Dich kreativ zu entfalten. Du bist nicht hergekommen, um andere Menschen von ihrem Tun abzuhalten und sie zu Verhaltensänderungen zu bewegen. Du wusstest genau um den Wert der Gegensätze und um die Ausgewogenheit, die in der Vielfalt liegt.

Jedes andere physische Wesen auf dem Planeten

ist Dein Partner als Mitschöpfer oder Mitschöpferin. Würdest Du diese Tatsache akzeptieren und die Vielfalt der Überzeugungen und Wünsche wertschätzen, wäre das Leben für Euch alle freier, befriedigender und erfüllter.

Gib keine unerwünschten Zutaten in Deinen Kuchen

Stell Dir vor, Du bist Chefkoch in einer extrem gut ausgestatteten Küche, in der alle erdenklichen Zutaten vorrätig sind. Nehmen wir an, Du hast eine klare Vorstellung von dem Gericht, das Du zubereiten möchtest, und Du weißt außerdem genau, welche Zutaten wie kombiniert werden müssen, um Deinen Wunsch zu erfüllen. Natürlich sind in der Küche viele Zutaten vorrätig, die für dieses Gericht nicht geeignet sind. Folglich verwendest Du sie nicht, störst Dich andererseits aber auch nicht an ihrem Vorhandensein. Du greifst lediglich zu den Zutaten, die zu *diesem* Gericht, Deiner momentanen Kreation, passen – und alles, was in diesen Kuchen nicht hineingehört, lässt Du ganz einfach weg.

Manche Zutaten in dieser gut ausgestatteten Küche passen zu Deiner Kreation, andere nicht. Zwar würde es Dein Gericht ruinieren, wenn Du sie hinzufügen würdest, aber deswegen kommst Du nicht auf die Idee, diesen Zutaten den Krieg zu erklären oder sie aus der Küche zu verbannen. Du weißt genau, dass sie nur dann in Deinem Kuchen landen, wenn *Du selbst* sie hinzufügst. Und da Du eine klare

Vorstellung hast, welche Zutaten eine Bereicherung für Deinen Kuchen darstellen und welche nicht, wählst Du aus der großen vorhandenen Vielfalt einfach das Passende aus und ignorierst den Rest.

Es gibt genug Raum für alle möglichen Gedanken und Erfahrungen

Würdest Du die enorme Vielfalt an Erfahrungen, Glaubenssätzen und Wünschen der Menschen Deiner Welt aus der umfassenden Nicht-Physischen Perspektive betrachten, hättest Du keinerlei Bedürfnis, irgendetwas davon zu verbieten oder zu kontrollieren. *Du würdest verstehen, dass es in einem evolutionären, unbegrenzt expandierenden Universum genug Raum für alle Arten von Gedanken und Erfahrungen gibt. Selbstverständlich würdest Du ganz entschieden die schöpferische Kontrolle Deiner eigenen Lebenserfahrung in die Hand nehmen – aber Du hättest kein Verlangen danach, Dich in das Leben anderer Menschen einzumischen und deren Schöpfungen zu kontrollieren.*

Die Vielfalt würde Dich nicht erschrecken, sondern inspirieren, denn Du wüsstest, dass jeder Mensch sich seine Erfahrungen selbst erschafft. Und Du wüsstest, dass die Gegensätze, die Dir im Leben begegnen, Dich dazu inspirieren, bestimmte Entscheidungen zu treffen. Wenn andere Menschen sich anders entscheiden, bedeutet das nicht, dass Du Recht hast und sie im Unrecht sind oder sie

Recht haben und Du Unrecht. Du wüsstest um den Wert der Vielfalt.

Wie die Ausdehnung des Universums funktioniert

Aus der Vielfalt und den Gegensätzen Deiner Welt werden also Deine Vorlieben und Wünsche geboren. Und sobald Du eine Vorliebe entwickelst, wird diese durch das *Gesetz der Anziehung* magnetisiert: Gleiches zieht Gleiches an – und dadurch erweitert sich Dein Bewusstsein. Es dehnt sich aus.

Wenn Du nun darauf achtest, wie Du Dich fühlst, und weiterhin in angenehmer Weise an Deine neue Vorliebe denkst, erhöht das die entsprechende Schwingungs-Harmonie, und ganz allmählich kommt es zur physischen Manifestation dessen, was Du Dir als Teil Deiner Erfahrung wünschst – Dein Wunsch geht in Erfüllung. Dadurch, dass das Gewünschte nun Teil Deines Lebens geworden ist, entwickelt sich Deine Perspektive weiter. Du gelangst zu neuen Erkenntnissen, siehst Dich, da Deine eigenen Schwingungs-Muster und die deiner Umgebung sich etwas verändert haben, neuen Gegensätzen und Kontrasten gegenüber, wodurch wiederum neue Vorlieben in Dir entstehen – und wieder strahlst Du Wünsche ins Universum aus!

Wieder wirst Du durch Deine Gefühle zur Erfüllung dieser Wünsche hingeleitet, gelangst dadurch zu neuen Erkenntnissen und Erfahrungen, durch die neue Vorlieben und Wünsche in Dir heranreifen. Auf diese Weise dehnt sich das Universum aus und entwickelt sich unaufhörlich weiter. Und darum befindest Du Dich an vorderster Front der Evolution – das Ganze ist eine nie endende, fließende, reine, positive Energie-Expansion.

Du wirst niemals ankommen, also solltest Du die Reise genießen

Wenn Du einmal dazu übergegangen bist, aus Deinem schöpferischen Blickwinkel heraus zu beobachten, wie jeder Erfolg, jede vollbrachte Leistung neue Wünsche nach sich zieht, wirst Du begreifen, wie Deine Rolle in diesem expansiven Universum aussieht. Und allmählich wirst Du Dich erinnern, dass Du niemals ans Ziel kommen wirst, weil Du immer wieder neue Kontrast-Erfahrungen machen wirst, aus denen neue Ideen und Wünsche hervorgehen. Das gesamte Universum beruht auf diesem Prinzip. Und wenn Du Dich einmal mit der Vorstellung angefreundet hast, dass Du ein ewiges Wesen bist, das ewig Wünsche haben wird, und dass jeder neue Wunsch (durch das *Gesetz der Anziehung*) die Tendenz hat, alles zu seiner Erfüllung Nötige anzuziehen, dann wirst Du Dich erinnern, dass dieses ganze Universum auf grenzenloses Wohl-Sein gegründet ist. Dann kannst Du Dich entspannen und die ewige Natur Deines Wesens fühlen. Von da an wirst Du Deine Reise genießen können.

Wenn Dein Ziel darin besteht, wunschlos glücklich zu sein, verlangst Du Unmögliches, denn die ewig expandierende Natur dieses Universums lässt eine solchen Zustand nicht zu. *Du kannst niemals »fertig« werden, am Ziel aller Wünsche anlangen, denn Du kannst nicht aufhören zu sein oder Deine Wahrnehmung zum Stillstand bringen. Und aus der Wahrnehmung entstehen immer wieder neue Wünsche, und auf jede dieser Bitten antwortet das Universum.*

Deine ewige Natur ist unendliche Expansion und Evolution – und in dieser Expansion und Evolution liegt eine unbeschreibliche Freude.

Fühle, wie ausgewogen und vollkommen Deine Umwelt ist

Die Gegensätze und Kontraste in Deiner Welt bewirken also, dass in Dir immer neue Wünsche entstehen. Du strahlst diesen neuen Wunsch aus, die Ur-Kraft empfängt die entsprechende Schwingung und antwortet darauf. Immer. Wenn Du bittest, wird Dir gegeben.

Bedenke, wie vollkommen dieser Vorgang ist: *Ständig sendest Du neue Ideen aus, wie Dein Leben angenehmer gestaltet werden kann, und ständig antwortet das Universum auf Deine Signale und erfüllt Dir Deine Wünsche.*

Werde Dir klar darüber, wie vollkommen dieses Universum ist: *Jedes individuelle Bewusstsein verbessert seinen Seinszustand auf die gleiche Weise wie Du. Dabei wird jeder Wunsch vom Universum verstanden und erfüllt, und jede individuelle Perspektive wird geachtet und gleichberechtigt wahrgenommen.*

Fühle, wie ausgewogen und vollkommen Deine Umwelt ist: *Jedes individuelle Bewusstsein, sogar das Bewusstsein einer einzelnen Zelle in Deinem Körper, kann um eine Verbesserung seines Zustandes bitten – und jede dieser Bitten wird erfüllt.*

Da alle Wünsche erfüllt werden, gibt es keine Konkurrenz

Jeder individuelle Standpunkt ist bedeutsam. Jede Bitte wird erfüllt. Und während dieses erstaunliche Universum sich unfehlbar ausdehnt, sind seine Ressourcen, aus denen alle Wünsche erfüllt werden, absolut unerschöpflich. Und ebenso weiß die Ur-Kraft die Antworten auf alle Fragen, die jemals gestellt werden können. Daher gibt es keine Konkurrenz.

Es ist unmöglich, dass ein anderer Mensch unrechtmäßig die Ressourcen bekommen könnte, die Dir zustehen. Und ebenso wenig kannst Du Dir selbstsüchtig die Ressourcen anderer aneignen. Alle Wünsche werden erfüllt. Alle Bitten werden erhört, und kein Wesen bleibt ungehört, ungeliebt oder unerfüllt. Wenn Du innerlich offen für Deinen Energie-Strom bist, befindest Du Dich immer auf der Siegerseite, ohne dass dafür ein anderer verlieren müsste. Es ist immer genug für alle da.

Manchmal fällt es unseren physischen Freunden schwer, sich diese Wahrheit ins Gedächtnis zu rufen, weil sie selbst gewisse Mangel-Erfahrungen machen oder solches bei anderen Menschen beobachten. Das, was sie beobachten, ist aber kein tatsächlicher Mangel, keine Knappheit an universalen Ressourcen, sondern lediglich ein mangelndes Offen-Sein der betreffenden Person, eine mangelnde Bereitschaft, die Ressourcen, mit denen das Universum die Bitte erfüllt, auch wirklich anzunehmen. **Schritt 1** hat stattgefunden: Eine Bitte wurde an das Universum ausgesendet. **Schritt 2** hat ebenfalls stattgefunden: Die Antwort wurde gegeben, die Ressourcen zur Erfüllung des Wunsches bereitgestellt. Aber **Schritt 3** ist noch nicht vollzogen.

Wenn ein Wunsch eines Menschen unerfüllt bleibt, liegt das nicht an mangelnden Ressourcen. Die einzige Erklärung ist, dass die betreffende Person sich nicht in Schwingungs-Harmonie mit ihrem Wunsch befindet. Es herrscht in diesem Universum niemals Mangel. Es gibt keine knappen Ressourcen, um die gekämpft werden müsste. Ob Deine Wünsche in Erfüllung gehen oder nicht, ist einzig und allein eine Frage Deines inneren Offen-Seins, Deiner Empfangsbereitschaft.

17. KAPITEL

Wo befindest Du Dich, und wohin möchtest Du?

Gewiss kennst Du die GPS-Navigationssysteme, mit denen heute schon viele Autos ausgestattet sind. Eine Antenne auf dem Autodach sendet Signale an Satelliten oben im Himmel, die Deine gegenwärtige Position bestimmen. Du tippst Dein gewünschtes Ziel in die Tastatur ein, der Computer berechnet die Route zwischen Ausgangspunkt und Zielort, und auf dem Monitor wird Dir dann die Entfernung angezeigt und die günstigste Route empfohlen. Unterwegs gibt das System Dir (per Computerstimme oder als Textanzeige) immer wieder genaue Richtungsanweisungen.

Das Navigationssystem fragt niemals: »Wo bist Du gewesen?« Es fragt nicht: »Warum hast Du Dich so lange dort und dort aufgehalten?« Seine alleinige Aufgabe besteht darin, dass es Dir hilft, so schnell wie möglich von Ort A zu Ort B zu gelangen. Deine Emotionen stellen ebenfalls eine Art

Navigationssystem dar. Ihre primäre Funktion besteht darin, Dir auf der Reise vom Ausgangspunkt zum gewählten Zielort zu helfen.

Es ist außerordentlich wichtig, dass Du Deine momentane Position exakt bestimmst und das Ziel, das Du von dort aus ansteuern willst, klar definierst. Entscheidungen bezüglich Deiner Reiseroute kannst Du nur treffen, wenn Du weißt, wo Du Dich befindest und wohin Du willst.

In Deiner physischen Umwelt bist Du vielen Einflüssen ausgesetzt, und oft verlangen andere oder bitten Dich, dass Du Dein Verhalten änderst, weil sie sich davon positive Auswirkungen auf ihre eigene Lebenserfahrung erhoffen. Du wirst geradezu überschüttet mit Gesetzen, Regeln und Erwartungen, die Dir von anderen aufgezwungen werden, und nahezu alle anderen Leute scheinen ihre eigene Meinung darüber zu haben, wie Du Dich verhalten solltest. Aber wenn Du Dich von diesen äußeren Einflüssen leiten lässt, kannst Du unmöglich klaren Kurs halten zwischen dem, wo Du bist, und dem, wo Du hingelangen möchtest.

Im Versuch, es anderen recht zu machen, lässt Du Dich hierhin und dorthin zerren, nur um herauszufinden, dass Du auf diese Weise weder die anderen noch Dich selbst wirklich zufrieden stellen kannst. Und dieser Schlingerkurs, den Du Dir von anderen aufzwingen lässt, birgt die Gefahr, dass Du darüber Deine eigenen Wünsche und Ziele aus den Augen verlierst und völlig vom Weg abkommst.

Das größte Geschenk, das Du anderen machen kannst, ist es, glücklich zu sein

Das größte Geschenk, das Du Deinen Mitmenschen machen kannst, ist, dass Du glücklich bist. Wenn Du Dich in einem Zustand der Freude, des Glücks und der Wertschätzung alles Guten befindest, bist Du optimal geöffnet für den Strom der reinen, positiven Ur-Kraft, die Dein wahres Sein ist. Und wenn Du Dich in diesem Zustand des Offen-Seins befindest, dann profitiert Deine gesamte Umgebung von Deiner Gegenwart und Aufmerksamkeit.

Das Wohlergehen anderer Menschen hängt nicht davon ab, dass Du etwas für sie tust oder ihre Erwartungen befriedigst – denn alle Menschen haben genau wie Du freien und unbegrenzten Zugang zum Strom des Wohl-Seins. Menschen, die noch nicht erkannt haben, dass Wohl-Sein jederzeit für sie verfügbar ist, leiden oft, weil sie unfähig sind, in sich positive Gefühle zu erzeugen. Dann bitten sie darum, dass Du Dich ihren Wünschen entsprechend verhalten sollst, weil sie glauben, sich dann besser zu fühlen. Aber indem sie versuchen, Dir die Verantwortung für ihr Wohlbefinden aufzubürden, hemmen sie nicht nur Deine Entwicklung und verursachen Dir Unbehagen, sondern sie legen auch sich selbst in Fesseln. Denn sie können das Verhalten ihrer Mitmenschen nicht wirklich kontrollieren und bekommen daher ziemliche Probleme, wenn sie ihr eigenes Glück vom Verhalten anderer abhängig machen.

Dein Glück hängt nicht davon ab, was andere tun

Dein Glück hängt nicht vom Verhalten Deiner Mitmenschen ab, sondern ausschließlich von Deiner eigenen Schwingungs-Harmonie. Und das Glück anderer Menschen hängt nicht von Dir ab, sondern ausschließlich von *deren* eigener Schwingungs-Harmonie. Denn wie sich ein Mensch fühlt, hängt immer ausschließlich von seinen eigenen inneren Energien ab. Die Art, wie Du Dich fühlst, ist stets ein sehr einfacher und klarer Indikator für die Harmonie zwischen Deinen Wünschen und den Schwingungsfrequenzen, die Du ins Universum aussendest.

Für jeden Menschen gibt es nichts Wichtigeres im Universum, als sich darüber klar zu werden, ob die Schwingungen, die er aussendet, mit seinen Wünschen harmonieren. Und der Indikator dafür ist es, wie Du Dich *fühlst*. Jedes gute Gefühl; jede positive Schöpfung; Deine ganze Fülle, Klarheit, Gesundheit, Vitalität, Dein Wohl-Sein – und alles, was Du für gut erachtest, hängen davon ab, wie Du Dich jetzt im Moment fühlst, und von der Beziehung, in der diese Gefühls-Schwingung zu der Schwingung steht, die das ist, was Du in Wahrheit bist und Dir wünschst.

Warum bedeutet auch Nein sagen immer Ja sagen?

Die Grundlage dieses Schwingungs-Universums ist das *Gesetz der Anziehung*. Das bedeutet, dass Du aus Deinem Universum nichts aussperren oder ausschließen kannst. Wenn Du Deine Aufmerksamkeit einer Sache zuwendest und *Ja* dazu sagst, schließt Du diese Sache damit in Dein Schwingungs-Muster ein. Aber wenn Du Dich auf etwas konzentrierst, zu dem Du *Nein* sagst, schließt Du es damit ebenfalls in Dein Schwingungs-Muster ein. Nur Dinge, denen Du keine Aufmerksamkeit schenkst, beeinflussen Dein Schwingungs-Muster nicht. Von dieser Regel gibt es keine Ausnahme.

18. KAPITEL

Du kannst Deine Schwingungs-Frequenz schrittweise verändern

Wenn Du beschließt, Dein Denken zu verändern, kannst Du Deine gewohnheitsmäßigen Gedanken nicht einfach übergangslos wechseln, denn das *Gesetz der Anziehung* bestimmt, welches Gedanken-Spektrum für Dich von Deinem gegenwärtigen Bewusstseinszustand aus erreichbar ist. *Natürlich gibt es für Dein Denken keine absoluten Grenzen – Du kannst jedes gesetzte Ziel erreichen –, aber Du kannst nicht plötzlich zu einem Gedanken springen, dessen Schwingungs-Frequenz sich sehr stark von den Gedanken unterscheidet, die Du normalerweise denkst.*

Vielleicht empfiehlt Dir ein Freund, der sich gegenwärtig viel besser fühlt als Du, nicht mehr so negativ zu denken und stattdessen positivere Gedanken zu wählen. Aber dass Dein Freund sich in diesem angenehmeren Gefühlszustand befindet, bedeutet längst nicht, dass er auch Dich dorthin bringen kann – denn das *Gesetz der Anziehung* lässt es nicht zu, dass Du übergangslos in eine Schwingungs-Frequenz wechselst, die sich stark von der bislang praktizierten unterscheidet. Zwar möchtest Du Dich gerne besser fühlen, aber dennoch findest Du den fröhlicheren Gedanken nicht, den Dein Freund Dir empfiehlt. Aber wir versichern Dir, dass Du diesen Gedanken mit etwas Geduld schließlich doch finden kannst. Denn wenn Du Deine Schwingung Schritt für Schritt gezielt veränderst, wird Dich das in die Lage versetzen, Dich nach und nach positiver zu justieren.

Wenn Du begreifst, dass Du an Deinen Gefühlen immer genau ablesen kannst, welche Schwingungs-Muster du gegenwärtig aussendest, und deshalb immer weißt, was Du gerade in Dein Leben ziehst, wirst Du zum bewussten Schöpfer Deiner eigenen Lebenserfahrung. Deine Gefühle zeigen Dir genau, wie Du Deine Schwingungen allmählich anheben kannst, um mehr Wohl-Sein in Dein Leben strömen zu lassen.

Wähle von den Gedanken, die Dir momentan zugänglich sind, immer den, der sich am besten anfühlt

Die Wahl eines anderen Gedankens wird immer eine andere emotionale Reaktion hervorrufen. Du könnest also sagen: »Ich werde ab jetzt bewusst solche Gedanken wählen, bei denen ich mich besser fühle.« Das wäre eine gute Entscheidung. Noch besser, und obendrein einfacher, ist es, wenn Du

Dir sagst: »Ich möchte mich gut fühlen, also werde ich versuchen, mich gut zu fühlen, indem ich einen Gedanken wähle, der sich gut anfühlt.«

Wenn Du beschlossen hast, »Deiner Freude zu folgen«, Dich aber längere Zeit auf eine Lebenssituation konzentriert hast, die alles andere als freudvoll ist, wäre Dein Entschluss, Deiner Freude zu folgen, zum Scheitern verurteilt. Die Ursache hierfür ist das *Gesetz der Anziehung,* aufgrund dessen Dir keine Gedanken zugänglich sind, die sich sehr stark von Deiner momentanen Schwingung unterscheiden. Eine andere Entscheidung kannst Du aber sehr leicht in die Tat umsetzen: *Wähle den sich am besten anfühlenden Gedanken, der Dir momentan zugänglich ist.*

Der Schlüssel dazu, sich auf der Schwingungs-Skala der Gefühl nach oben zu bewegen, besteht darin, bewusst auf Deine Gefühle zu achten, denn wenn Du Dir Deiner Gefühle nicht bewusst bist, kannst Du nicht erkennen, wo Deine Position auf der Skala ist und ob Du Dich aufwärts oder abwärts bewegst. (Möglicherweise bist Du sonst, ohne es zu merken, auf dem Rückweg nach Phoenix, obwohl Du doch eigentlich nach San Diego willst!)

Nimmst Du Dir aber die Zeit, bewusst die Emotionen wahrzunehmen, die Du gegenwärtig erlebst, dann bedeutet jede Verbesserung Deiner emotionalen Verfassung, dass Du Dich auf Dein Ziel zubewegst, während jede emotionale Verschlechterung bedeutet, dass Du in die falsche Richtung gehst.

Daher kannst Du Dich am besten die Skala »hinaufführen«, indem Du bewusst nach dem Gefühl der Erleichterung strebst, das sich immer dann einstellt, wenn Du einen einengenden, hemmenden Gedanken durch einen offeneren, den Energiefluss besser zulassenden Gedanken ersetzt. Der Strom des Wohl-Seins fließt *immer,* und je mehr Du Dich für ihn öffnest, desto besser fühlst Du Dich. Je mehr Du ihm innerlich Widerstand leistest, desto schlechter fühlst Du Dich.

19. KAPITEL

Nur Du selbst kannst wissen, wie Du Dich fühlst

Wenn Du etwas erwartest, ist es schon zu Dir unterwegs. Wenn Du etwas glaubst, ist es schon zu Dir unterwegs. Wenn Du vor etwas Angst hast, ist es schon zu Dir unterwegs.

Deine innere Haltung oder Grundstimmung deutet immer auf das hin, was Dich erwartet, wenn Du Deine momentane gedankliche Ausrichtung beibehältst. Aber es besteht immer die Möglichkeit, Deine Schwingungen zu verändern. Die Gedanken, Überzeugungen, Haltungen und Stimmungen, die Du Dir während Deines bisherigen Lebens zu eigen gemacht hast, sind nicht in Stein gemeißelt, sondern können durch andere ersetzt werden, wenn Dir das nicht gefällt, was Du bislang in Dein Leben gezogen hast. Du hast die schöpferische Kontrolle über Deine Lebenserfahrungen. Indem Du auf Dein *Emotionales Feedback-System* achtest, kannst Du die Dinge in Dein Leben ziehen, die Du Dir wirklich wünschst.

Wenn es in Deinem Leben Dinge gibt, die Du nicht länger erleben möchtest, musst Du Deine Glaubenssätze ändern.

Es gibt keinen Zustand, den Du nicht rückgängig machen könntest, indem Du andere Gedanken wählst. Jedoch erfordert es Konzentration und Übung, bewusst andere Gedanken zu wählen. Wenn Du Deinen bisherigen Fokus beibehältst, Dein bisheriges Denken beibehältst und nicht bereit bist, Deine Glaubenssätze zu verändern, dann werden sich auch Deine Lebenserfahrungen nicht verändern.

Das Leben ist immer in Bewegung, und darum kann es auch für Dich keinen Stillstand geben

Manchmal sagen unsere physischen Freunde: »Ich stecke fest! Ich bin in meinem Leben in eine Sackgasse geraten. Ich weiß einfach nicht mehr weiter.«

Dann versichern wir ihnen immer, dass kein Mensch je wirklich stecken bleiben oder in eine Sackgasse geraten kann, weil das Leben Energie ist, und Energie ist immer in Bewegung. Die Dinge verändern sich unaufhörlich.

Wenn ein Mensch sich wie in einer Sackgasse fühlt, liegt das daran, dass er immer wieder die gleichen Gedanken denkt. Das bewirkt, dass sich die Dinge um ihn herum zwar kurzfristig ändern, aber immer wieder zum gleichen Muster zurückkehren.

Wenn Du möchtest, dass sich Deine Lebensumstände dauerhaft zum Besseren verändern, musst Du andere Gedanken denken. Und das gelingt, wenn Du lernst, vertraute Dinge in neuem Licht zu sehen.

Andere Menschen können Deine Wünsche und Gefühle nicht verstehen

Andere Menschen geben Dir gerne Ratschläge und versuchen, Dich zu beeinflussen. Es gibt ungeheuer viele Menschen – mit ungeheuer vielen Meinungen, Regeln, Ansprüchen und Vorschlägen, wie Du Dein Leben führen sollst. Doch keiner von ihnen ist in der Lage, das Eine in Betracht zu ziehen, worauf es im Hinblick auf die Erfüllung Deiner Wünsche ausschließlich ankommt: Andere Menschen wissen nichts über die Schwingungs-Muster Deiner Wünsche, und sie wissen nicht, wo Du schwingungsmäßig zur Zeit stehst, und darum sind sie nicht in der Lage, Dich wirklich zu beraten oder anzuleiten. Auch wenn sie die besten Absichten haben und es wirklich gut mit Dir meinen – sie wissen es nicht. Und obwohl viele von ihnen bemüht sind, sich völlig selbstlos zu verhalten, ist es ihnen niemals möglich, das, was sie sich für Dich wünschen, von dem zu trennen, was sie sich für sich selbst wünschen.

Niemand sonst kann wissen, was für Dich angemessen ist

Wenn Du bedenkst, dass die Wünsche eines jeden Menschen erfüllt werden, müsste Dir eigentlich einleuchten, wie perfekt eine Umwelt ist, in der jedes individuelle Bewusstsein genau das bekommt, wofür es sich selbst entscheidet.

Nehmen wir an, Du möchtest an einem Abraham-Hicks-Seminar teilnehmen. Du weißt, wann und wo es stattfindet, und hast an diesem Tag Zeit. Also triffst Du relativ leicht alle Entscheidungen, die für Dich richtig sind.

Du geht die Liste aller ungefähr 50 Seminartermine durch, die in diesem Jahr angeboten werden, und wählst den Termin und Veranstaltungsort, die Dir am besten passen. Zwar wird auch ein Seminar in Deinem Wohnort angeboten, aber ausgerechnet an diesem Tag hast Du bereits einen anderen wichtigen Termin. Also schaust Du Dich nach einer Alternative um. Erfreulicherweise wird an einem Tag, an dem Du keine anderen Verpflichtungen hast, ein Seminar in einer Stadt angeboten, die Du immer schon gerne besuchen wolltest. Also rufst Du bei der Abraham-Hicks Seminarorganisation an und reservierst einen Platz für dieses Seminar.

Dann machst Du Dir Gedanken über Anreise und Übernachtung. Du entscheidest Dich, mit dem Flugzeug anzureisen, weil das Zeit spart, und Du wählst ein Hotel, das ein paar Blocks von dem Seminarhotel entfernt liegt, weil Du als treuer Kunde dieser Hotelkette dort einen guten Rabatt erhältst. (Außerdem kannst Du auf den Matratzen, die in den Hotels dieser Kette verwendet werden, besonders gut schlafen.)

Bei der Ankunft in der Seminar-Stadt mietest Du bei Deinem bevorzugten Autovermieter einen Wagen. Und auf dem Weg zum Hotel machst Du einen Zwischenstopp bei einem Restaurant und gönnst Dir ein gutes Menü, das preislich genau Deinem Budget entspricht. So hast Du also für Dich alles so arrangiert, dass Du einen wunderbaren Tag erlebst.

Aber nehmen wir an, die Abraham-Hicks Seminarorganisation wäre der Meinung, sie wüssten aufgrund ihrer langjährigen Erfahrung als Veranstalter besser als Du selbst, was für Dich das Richtige ist. Und nun träfen sie, basierend auf der Befragung Tausender von Seminarteilnehmern, alle Entscheidungen für Dich.

Also gehen sie davon aus, dass Du am liebsten an einem Seminar an Deinem Wohnort teilnehmen möchtest, und setzen Dich auf die Liste für dieses Seminar. Erst als Du ihnen mitteilst, dass Du an diesem Termin nicht kannst, schicken sie Dir ein Ticket für den von Dir bevorzugten Seminarort.

Und ihre Entscheidungen, mit welcher Fluglinie Du fliegst, von welcher Mietfirma Du Deinen Wagen erhältst, in welchem Hotelbett Du schläfst und was Du isst, wären für Dich gleichfalls wenig befriedigend. Du bist selbst viel besser in der Lage, alle diese Entscheidungen zu treffen.

Wenn jeder Mensch bekommt, worum er bittet, ist es dann nicht wunderbar, wenn Du selbst Deine eigene Wahl triffst? Das Universum arbeitet viel besser, wenn sich kein Mittelsmann dazwischenschaltet, der glaubt, besser zu wissen als Du, was gut für Dich ist. Niemand anders weiß, was für Dich angemessen ist – nur Du selbst. Du weißt in jedem Augenblick Deines Lebens, was das Beste für Dich ist.

20. KAPITEL

Wenn Du versuchst, die Freiheit eines anderen Menschen einzuschränken, kostet Dich das stets Deine eigene Freiheit

Ja, wenn Du bittest, wird Dir stets gegeben, aber Du musst Dich in Schwingungs-Harmonie zu dem befinden, worum Du bittest, sonst kann es nicht Teil Deiner Erfahrung werden. So viele Menschen erinnern sich nicht daran oder glauben nicht, dass alle Ihre Bitten vom Universum erhört und erfüllt werden. Der Grund dafür ist, dass sie nicht bewusst auf ihre Schwingungen achten. Sie stellen keine *bewusste* Verbindung her zwischen ihren Gedanken, ihren Gefühlen, die durch diese Gedanken hervorgerufen werden, und den physischen Manifestationen, die in ihrem Leben stattfinden. Aber solange sie sich nicht bewusst mit diesen Zusammenhängen auseinandersetzen, können sie nicht erkennen, wo sie im Hinblick auf ihre Wünsche gegenwärtig stehen.

Wenn Du weißt, dass Du etwas willst, und bemerkst, dass Du es nicht hast, nimmst Du vielleicht an, dass äußere Ursachen Dich daran hindern, das Gewünschte zu erlangen. Aber das trifft niemals zu. Dafür, dass Dein Wunsch nicht in Erfüllung geht, gibt es immer nur eine einzige Ursache: Dein gewohnheitsmäßiges Denken steht nicht im Einklang mit Deinen Wünschen.

Hast Du einmal die Macht des Denkens erkannt und entdeckst Deine Fähigkeit, alles, was Du Dir wünschst, in Dein Leben einzulassen, erlangst Du schöpferische Kontrolle über Deine Erfahrungen. Konzentrierst Du Dich aber in erster Linie auf die *Resultate* Deines Denkens, statt Dich von Deinen Gefühlen zu den richtigen Gedanken hinleiten zu lassen, besteht die Gefahr, dass Du vom Weg abkommst und Dich verirrst.

Jede »Realität« ist von irgendjemandem »herbeigedacht« worden

Manchmal sagen die Leute: »Aber Abraham, ich beschreibe die Dinge doch nur so, wie sie nun einmal sind. Ich sehe den Tatsachen ins Auge.« Darauf entgegnen wir, dass man Euch beigebracht hat, die Realität anzuerkennen, ohne Euch gleichzeitig zu zeigen, dass Ihr selbst die Realität erschafft. Erkennt nur solche Realitäten an, die Ihr Euch herbeiwünscht und erschaffen wollt – denn alle »Realitäten« existieren nur, weil jemand sie »herbeigedacht« hat.

Oder wir hören den Satz: »Aber diese Sache *ist* wahr, und darum *muss* ich ihr Aufmerksamkeit schenken.« Darauf sagen wir: Ihr *erschafft* das, worauf Ihr Eure Aufmerksamkeit richtet. Das wird dann zu Eurer *Wahrheit*. Deshalb ist es äußerst hilfreich, wenn Ihr Euch vor allem darauf konzentriert, wie Ihr Euch fühlt, statt den sich entfaltenden Manifestationen übermäßige Aufmerksamkeit zu schenken. Sobald Ihr Eure Aufmerksamkeit in erster Linie auf das richtet, was ist, statt auf das, was Ihr erschaffen wollt, behindert Ihr die Expansion und somit Evolution von Alles-Was-Ist.

Diese ganzen Statistiken, die gesammelt werden, um die menschliche Erfahrung zu katalogisieren und zu analysieren – beschäftigen sich ausschließlich mit bereits verwirklichten Phänomenen, die in der Vergangenheit erschaffen wurden, weil jemand Energie in sie investiert hat. Es geht dabei nicht um das schöpferische *Jetzt* und das Potenzial Eurer Wünsche.

In der heutigen Zivilisation auf der Erde gibt es viele Leute, die die menschliche Erfahrung statistisch erfassen. Sie bringen ihr ganzes Leben damit zu, Erfahrungen miteinander zu vergleichen und Kategorien aufzustellen, was akzeptabel ist und was nicht. Sie wägen Pro und Kontra, Plus und Minus eines jeden Aspektes des menschlichen Daseins ab, aber sie erkennen nur selten, dass ihre Schwingungsmuster ihnen nicht zu Wohl-Sein verhelfen. Sie spüren ihre eigene schöpferische Macht nicht, weil sie ihre Aufmerksamkeit auf gegensätzliche Phänomene richten und ihre Energie dadurch blockieren. Ihr Leben kreist darum, die Erfahrungen ihrer Zeitgenossen zu beobachten und zu bewerten, statt selbst kreativ zu werden.

So bringen sie sich in eine höchst unangenehme Lage, denn sie bilden sich ein, ihr Wohl-Sein hinge vom Verhalten anderer Menschen ab. Sie zeigen mit dem Finger auf Menschen, Verhaltensweisen oder Überzeugungen, nennen sie falsch oder unangemessen, sagen *Nein* zu ihnen, ohne zu realisieren, dass sie sich dadurch gerade die Schwingungen, die sie ablehnen, in ihr eigenes Leben hereinholen. Und weil sie den Grund nicht kennen, warum alle diese unerwünschten Dinge in ihren Erfahrungsbereich eindringen, schotten sie sich zunehmend ab und werden immer ängstlicher.

Nur, was Du selbst eingeladen hast, kann in Deinen Erfahrungsbereich eindringen

Von der Angst vor unerwünschten Erfahrungen kannst Du Dich niemals dadurch befreien, dass Du das Verhalten oder die Wünsche Deiner Mitmenschen zu kontrollieren versuchst. Freiheit kannst Du nur erlangen, indem Du Deine eigenen Schwingungen so justierst, dass Du nur Erwünschtes in Dein Leben ziehst.

Wenn Du nicht über das *Gesetz der Anziehung* Bescheid weißt, ist es natürlich verständlich, dass Du Deine äußeren Lebensumstände zu kontrollieren versuchst. Doch letztlich ist es *unmöglich,* alle diese vielen Umstände und Phänomene wirklich zu kontrollieren. Hast Du aber einmal verstanden, wie das *Gesetz der Anziehung* wirkt und wie Du die richtigen Gedanken »erfühlen« kannst, wirst Du nie wieder Angst davor haben, dass unerwünschte

Erfahrungen über Dich hereinbrechen. Du wirst dann einsehen, dass nichts in Deinen Erfahrungsbereich eindringen kann, das Du nicht zuvor selbst eingeladen hast. In diesem auf Anziehung basierenden Universum gilt unumstößlich: *Etwas, mit dem Du Dich nicht in Schwingungs-Harmonie befindest, kann nicht zu Dir kommen. Wenn Du Dingen Bedeutung beimisst, ihnen Aufmerksamkeit schenkst, bringst Du Dich dadurch in Schwingungs-Harmonie mit ihnen. Dann werden sie zu Dir kommen.*

Schon Kleinkinder senden Schwingungen aus, auf die das Universum antwortet. Und wie die Erwachsenen werden auch schon die kleinen Kinder durch die Schwingungen in ihrer Umgebung beeinflusst, aber nichtsdestotrotz erschaffen sie sich ihre eigene Realität. Die Erschaffung des eigenen Lebens beginnt nicht erst, wenn ein Mensch sich in seinem Körper befindet, sondern lange vor der physischen Geburt.

Der Haupteinwand, den unsere physischen Freunde gegen diese Tatsache vorbringen, lautet stets: »Aber wie kann dieses kleine Kind, das noch kaum etwas über unsere physische Welt weiß, bereits für die Erschaffung seiner eigenen Realität verantwortlich sein?« Doch wenn ein Kind in Eure Welt hineingeboren wird, ist es bereits gut auf ein Leben in dieser Umwelt vorbereitet, weil es, wie Ihr alle, mit einem *Emotionalen Feedback-System* auf die Welt kam, das ihm hilft, seinen eigenen Weg zu finden.

Du selbst hast Dich, wie alle Deine Mitmenschen, voller Freude in diese Raum-Zeit-Realität hineingestürzt. Kinder können es kaum erwarten, in diese Welt einzutauchen, die ihnen so viele Gelegenheiten bietet, Entscheidungen zu treffen und mit der Energie der Ur-Kraft, des Universums, in Harmonie zu gehen. Sorge Dich nicht um die Kinder oder überhaupt um irgendjemanden. Wohl-Sein ist das Grundprinzip dieses Universums, wie auch immer Deine augenblickliche Perspektive aussehen mag.

Denke immer daran, dass Deine Emotionen Dir alles sagen, was Du über Deine Verbindung zur Ur-Kraft wissen musst: Sie sagen Dir, wie viel Ur-Kraft Du zur Verwirklichung Deines Wunsches mobilisierst. Und sie sagen Dir außerdem, ob Du Dich gedanklich und gefühlsmäßig in Schwingungs-Harmonie mit Deinem Wunsch befindest.

War es Dein Tempo, oder war es der Baum?

Wenn Du in Deinem Auto mit hundertsechzig Stundenkilometern fährst und gegen einen Baum prallst, wäre das ein sehr schlimmer Unfall. Würde Deine Geschwindigkeit zum Zeitpunkt des Aufpralls jedoch nur fünf Stundenkilometer betragen, wäre das Resultat ein ganz anderes. Die Energie Deines Wunsches lässt sich mit der Geschwindigkeit des Autos vergleichen. Mit anderen Worten, je stärker Du Dir etwas wünschst oder je länger Du Dich auf einen Wunsch konzentrierst, desto schneller bewegt sich die Energie. Der Baum symbolisiert in dieser Analogie den Widerstand oder die widerstreitenden Gedanken, die der Wunscherfüllung im Weg stehen.

Es ist nicht angenehm, gegen Bäume zu prallen, und es ist nicht angenehm, wenn energievolle Wünsche sich gegen starken inneren Widerstand behaupten müssen. Manche Leute versuchen, das Ungleichgewicht zu beheben, indem sie ihr Fahrzeug abbremsen. Mit anderen Worten, sie leugnen ihren Wunsch oder versuchen, ihn aufzugeben. Manchmal gelingt es ihnen so, die Macht ihres Wunsches zu reduzieren. Doch weitaus besser und wirkungsvoller wäre es, wenn sie stattdessen ihren Widerstand reduzieren würden.

Deine Wünsche sind das natürliche Ergebnis der Gegensätze, denen Du Aufmerksamkeit schenkst. Das gesamte Universum existiert, um immer neue Wünsche in Dir und allen anderen Wesen zu wecken. Wenn Du versuchst, Deine Wünsche zu verdrängen, kommt das dem Versuch gleich, sich den Universalen Schöpfungs-Energien zu widersetzen. Und selbst wenn es Dir tatsächlich gelingt, hier und da einen Wunsch zu unterdrücken, werden sich in Dir doch immer wieder neue Wünsche herausbilden. Du hast Dich in dieser Umwelt voller wunderbarer Kontraste verkörpert, weil Du die Energie, die Welten erschafft, durch die machtvoll fokussierte Linse *Deiner individuellen Perspektive* lenken willst. Allein aus diesem Grund bist Du hierher gekommen. Und daher gibt es für Dich im ganzen Universum nichts Natürlicheres als die Verwirklichung Deiner Wünsche.

Hinter jedem Wunsch steht der Wunsch, sich gut zu fühlen

Für alle Arten von Wünschen gilt, dass die Menschen hoffen, sich besser zu fühlen, wenn ihre Wünsche in Erfüllung gehen. Ob es sich um das Erlangen eines materiellen Gegenstandes, einen physischen Zustand, eine Beziehung oder äußere Veränderungen handelt – bei jedem Wunsch geht es im Kern darum, sich gut zu fühlen. Darum lässt sich Dein Erfolg im Leben nicht an Geld oder materiellen Besitztümern messen, sondern nur daran, wie viel Freude Du empfindest.

Die Grundlage des Lebens ist Freiheit, und das Ergebnis des Lebens ist Expansion – aber Deine Bestimmung, der Sinn Deines Lebens, ist Freude. Und darum geht es niemals in erster Linie um Manifestation. In erster Linie geht es darum, wie Du Dich von Augenblick zu Augenblick fühlst. Mit anderen Worten, Du bist in diese physische Welt der Gegensätze gekommen, weil Du Dir klar werden wolltest, was Du Dir wünschst. Du bist hergekommen, weil Du Dich mit der Energie verbinden wolltest, die Welten erschafft, und weil Du diese Energie bündeln und auf die Objekte Deiner Aufmerksamkeit richten wolltest – nicht weil die Objekte Deiner Aufmerksamkeit an sich von Bedeutung sind, sondern weil diese gezielte Bündelung von Energie von fundamentaler Bedeutung für das Leben ist.

Wenn Du etwas wertschätzt, gibt es keinen inneren Widerstand

Vergiss niemals, dass Du eine Manifestation der Ur-Kraft bist, und wenn Du Dich für die volle Verbindung zu Deinem Ursprung öffnest, fühlst Du Dich gut. Und je weniger offen Du für die Ur-Kraft bist, desto schlechter fühlst Du Dich. Du bist reine, positive Energie. Du bist Liebe. Du erwartest nur Gutes. Du achtest und liebst Dich selbst. Du achtest und liebst andere – und Deine natürliche Gabe ist es, allem Wertschätzung entgegenzubringen.

Wertschätzung und Selbst-Liebe sind die wichtigsten Aspekte Deines Bewusstseins. Du solltest sie unbedingt kultivieren. *Es gibt keine Schwingung im Universum, die näher an der Ur-Kraft wäre als Wertschätzung sich selbst und anderen gegenüber.*

Immer wenn Du Dich auf etwas konzentrierst, das Du wertschätzt, gibt es keinen inneren Konflikt, denn solche Gedanken der Wertschätzung entsprechen perfekt Deinem wahren Sein. Du leistest also in solchen Augenblicken der Wertschätzung keinen Widerstand gegen Deine wahre Natur. Dein *Emotionales Feedback-System* zeigt Dir dies in Form von Liebe, Freude und Wohlbefinden an. Du fühlst Dich dann einfach sehr gut!

Wenn Du aber andere oder Dich selbst kritisierst, löst das unangenehme Gefühle aus, denn die Schwingungen solcher kritisierenden Gedanken unterscheiden sich stark von der Schwingung Deines wahren Seins. Mit anderen Worten, weil Du einen Gedanken gewählt hast, der nicht zu Deinem wahren Sein passt, spürst Du anhand Deiner Emotionen die energetische Disharmonie.

Deine Emotionen zeigen Dir jederzeit an, ob Du innerlich offen für Dein wahres Sein, für die Ur-Kraft des Universums, bist oder nicht. Wenn Du Dich innerlich öffnest, gedeihst Du in jeder Hinsicht. Je mehr Du Dich gegen die Ur-Kraft verschließt, desto schlechter geht es Dir.

Um Dich für das Wohl-Sein öffnen zu können, musst Du bereit sein, auch an Dich zu denken

Gelegentlich wirft man uns vor, wir würden Egoismus predigen. Und das stimmt. Wir empfehlen in der Tat, eigennützig zu sein. Denn wenn Du nicht eigennützig genug bist, um Dich bewusst mit der Ur-Kraft zu verbinden, hast Du nichts, was Du anderen geben könntest.

Manch einer sorgt sich: »Wenn ich eigennützig die Erfüllung meiner Wünsche anstrebe, nehme ich dann nicht auf unfaire Weise anderen etwas weg?« Aber diese Sorge beruht auf der irrigen Annahme, dass die im Universum vorhandene Fülle irgendwie begrenzt wäre. Solche Menschen fürchten, sie könnten sich ein zu großes Stück vom Kuchen nehmen, sodass für andere nichts mehr übrig bleibt. Doch in Wirklichkeit *wird der Kuchen immer größer, je mehr energetische Wunsch-Schwingungen jeder Einzelne von Euch an das Universum sendet.*

Natürlich kämst Du nie auf die Idee zu sagen: »Ich fühle mich schuldig, weil ich so gesund bin. Darum werde ich nun ein paar Jahre lang krank sein, damit ein anderer Mensch, der bislang krank war, meine Portion guter Gesundheit erhalten kann.« Du weißt genau, dass Deine Menge an guter Gesundheit in keiner Weise das Maß an Wohlbefinden einschränkt, das anderen zur Verfügung steht.

Manche Leute fürchten, ein eigennütziger Mensch könnte absichtlich anderen Schaden zufügen. Doch ein Mensch, der in Verbindung zur Ur-Kraft steht, ist gar nicht in der Lage, anderen etwas Schlechtes zu wünschen – denn diese Schwingungen wären überhaupt nicht kompatibel.

Manche sagen: »Ich habe ein Foto eines Massenmörders gesehen, und er schien bester Laune zu sein. Er zeigte keinerlei Reue. Er behauptete, er hätte seine Taten genossen.« Aber Du hast keine Möglichkeit, herauszufinden, wie es in Wahrheit um seine Gefühle bestellt ist. Du erlebst Deine eigenen Gefühle, deine emotionalen Reaktionen auf die Relation zwischen Deinen Wünschen und Deinen gegenwärtigen Denkgewohnheiten, aber Du bist nicht in der Lage, die Emotionen eines anderen Menschen genau zu bestimmen. Wir versichern Dir, dass niemand, der in guter energetischer Verbindung zur Ur-Kraft steht, einem anderen Menschen Schaden zufügen könnte. Menschen werden gewalttätig aus Angst, aus Gefühlen der Verzweiflung und Isolation, aber niemals, wenn sie sich in einem Zustand des Offen-Seins und der inneren Verbundenheit mit dem Universum befinden. Die höchste Form des Eigennutzes besteht darin, nach Verbindung zum eigenen wahren Sein zu streben. Und wenn Du das tust, bist Du reine, positive

Energie, die in diesem physischen Körper fokussiert ist.

Stünden alle Menschen auf der Erde in Verbindung zu ihrer Ur-Kraft, gäbe es keine Morde und andere Verbrechen, denn es gäbe keine Eifersucht, keine Unsicherheit oder kein Konkurrenzdenken. Würden alle Menschen die Macht ihres wahren Seins verstehen, würden sie nicht versuchen, andere zu beherrschen und zu kontrollieren. Unsicherheit und Hass entstehen nur, wenn Ihr den Kontakt zu Eurem wahren Sein verloren habt. Deine (eigennützige) Verbindung mit dem kosmischen Wohl-Sein bringt ausschließlich Wohl-Sein hervor.

Und niemand kann Dich hindern, mit Hilfe der Lektionen in diesem Buch wundervolle Erfahrungen zu machen, ob andere unsere Botschaft verstehen oder nicht! Hast Du Dich einmal erinnert, wer Du in Wahrheit bist, und richtest Du Dein Denken bewusst so aus, dass Du in Harmonie zu Deinem wahren Sein kommst, wird sich auch alles andere in Deiner Welt harmonisieren – und in allen Bereichen Deines Lebens wird Wohl-Sein die natürliche Folge sein.

Was Du nicht erwartest, lässt Du nicht in Dein Leben

Denke daran, dass jede Emotion Dir anzeigt, wie viel Energie Du für die Erfüllung Deines Wunsches mobilisierst und wie viel von dieser mobilisierten Energie dann tatsächlich von Deinen vorherrschenden Gedanken bezüglich dieses Wunsches zugelassen wird. Wenn Du eine starke Emotion fühlst, sei sie positiv oder negativ, bedeutet das, dass Du sehr stark auf Deinen Wunsch fokussiert bist. Du mobilisierst also viel Ur-Kraft und lenkst sie auf die Erfüllung Deines Wunsches. Wenn Deine starken Emotionen unangenehmer Natur sind – Traurigkeit, Furcht oder Wut –, bedeutet das, dass Du inneren Widerstand gegen die Erfüllung Deines Wunsches aufgebaut hast. Wenn Deine starken Emotionen angenehmer Natur sind – Begeisterung, freudige Erwartung, Liebe –, bedeutet das, dass es in Dir keinen Widerstand gegen Deinen Wunsch gibt und Du keine zur Ur-Kraft disharmonischen Schwingungen ausstrahlst. Dein Wunsch kann sich also ungehindert entfalten und verwirklichen.

Optimale Bedingungen für schöpferische Materialisierungen sind demnach dann gegeben, wenn Du Dir etwas sehr, sehr wünschst und zugleich wirklich daran glaubst, dass Du es auch bekommen wirst. Wenn diese Kombination aus Wunsch und Glaube bei Dir vorhanden ist, werden Deine Wünsche sich schnell und mühelos materialisieren. Wenn Du Dir aber etwas wünschst und gleichzeitig glaubst, dass Du es *nicht* bekommen kannst, Du also die Erfüllung Deines Wunsches nicht wirklich erwartest, wird er sich, wenn überhaupt, nur mühsam entfalten können, denn Du lässt ihn nicht in Dein Leben hinein.

Ein reiner Wunsch fühlt sich immer gut an

Etwas zu wollen, aber gleichzeitig zu glauben, dass man es nicht bekommen kann, fühlt sich sehr unangenehm an. Leider glauben viele Menschen deshalb, dass Wünsche sich immer so anfühlen. Sie haben vergessen, dass man sich, wenn man einen *reinen* Wunsch hat, also einen, an dessen Erfüllung man fest glaubt, energetisiert fühlt und von freudiger Erwartung beseelt ist, ein Gefühl, das Ihr alle aus Eurer Kindheit und Jugend kennt. Einen reinen Wunsch zu haben ist immer ein erhebendes Gefühl, da es sich um jene Glück verheißenden Schwingungen handelt, die es dem *Gesetz der Anziehung* ermöglichen, zu Eurem Wohl tätig zu werden.

Wenn Du Dich bewusst und gezielt schöpferisch betätigen willst, musst Du Deine eigenen Emotionen bewusst wahrnehmen und dann gezielt Gedanken wählen, die angenehmere Emotionen hervorrufen. Darum geht es. Dann beherrschst Du die *Kunst des Sich-Öffnens*.

Warum willst Du drüben sein?

Manche Menschen sagen: »Hier, wo ich bin, macht mir das Leben keinen Spaß. Ich möchte lieber dort drüben sein – drüben, wo mein Körper nicht krank ist oder wo ich nicht übergewichtig bin, oder wo ich mehr Geld und eine intakte Beziehung habe.«

Warum möchtest Du denn gerne dort drüben

sein? lautet die Frage, die wir solchen Menschen stellen.

Als Antwort hören wir oft: »Weil ich mich hier, wo ich bin, unglücklich fühle.«

Dann weisen wir darauf hin, wie wichtig es ist, das, was sich »dort drüben« befindet und was man sich wünscht, klar zu benennen und sich dann gefühlsmäßig in diesen Zustand hineinzuversetzen. Denn solange jemand von dem, was er sich wünscht, so denkt und redet, als wäre es weit weg, »dort drüben«, und sich nicht gefühlsmäßig auf das Gewünschte einschwingt, wird er niemals nach »dort drüben« gelangen können.

Wenn Du Dir angewöhnt hast, ständig über Deine momentane Situation zu sprechen und Dich gedanklich mit ihr zu beschäftigen, ist es nicht leicht, plötzlich Deine Schwingung zu verändern und etwas völlig anderes zu denken und zu fühlen. Das *Gesetz der Anziehung* besagt nun einmal, dass Du keinen Zugang zu Gedanken hast, die vom Schwingungs-Level her sehr weit von Deinen bisher gewohnten Schwingungen entfernt sind. Doch mit etwas Anstrengung kannst Du andere Gedanken finden. Wenn Du fest entschlossen bist, Dich besser fühlen zu wollen, kannst Du die gewohnheitsmäßige Ausrichtung Deines Denkens verändern und andere Gedanken finden, deren Schwingungen sich angenehmer anfühlen – aber eine solche Veränderung der Schwingungs-Frequenz geht in der Regel nur allmählich vonstatten und braucht seine Zeit.

Wenn Menschen dagegen in Unkenntnis der Wirkungsweise des *Gesetzes der Anziehung* immer wieder vergeblich versuchen, mit einem abrupten Sprung von einer Schwingung in eine andere überzuwechseln, führt das zwangsläufig zu Enttäuschung und Entmutigung. Dies ist eine der häufigsten Ursachen dafür, dass manche Leute schließlich glauben, keine Kontrolle über ihre eigenen Lebenserfahrungen zu haben.

21. KAPITEL

Von den 68 Sekunden bis zur Erfüllung bist Du nur 16 Sekunden entfernt

Einige wenige Sekunden konzentrierter Aufmerksamkeit genügen, um die Schwingung eines Objektes in Dir zu aktivieren. Das *Gesetz der Anziehung* reagiert augenblicklich auf diese Aktivierung. Je länger Du Dich auf etwas konzentrierst, desto leichter fällt Dir diese Konzentration, da Du, infolge des *Gesetzes der Anziehung*, andere Gedanken und Schwingungen anziehst, die dem Gedanken, auf den Du Dich konzentriert hast, wesensverwandt sind.

Es genügt, sich 17 Sekunden auf etwas zu konzentrieren, um die passende Schwingung zu aktivieren. Während die Konzentration stärker und die Schwingung deutlicher wird, bringt Dir das *Gesetz der Anziehung* weitere dazu passende Gedanken zu Bewusstsein. In dieser Phase ist die magnetische Kraft dieser Schwingung noch nicht groß, aber wenn Du Deine Konzentration noch länger aufrechterhältst, wird die magnetische Ausstrahlung intensiver. Und schon, wenn es Dir gelingt, Dich nur 68 Sekunden völlig auf einen Gedanken zu konzentrieren, wird die Schwingung so stark, dass er sich zu manifestieren beginnt.

Wenn Du Dich wiederholt für mindestens 68 Sekunden auf einen klaren, konzentrierten Gedanken fokussierst, wird schon in kurzer Zeit (in manchen Fällen innerhalb weniger Stunden, in anderen innerhalb von ein paar Tagen) dieser Gedanken zu einem dominanten Gedanken werden. Und wenn ein Gedanke in Deinem Bewusstsein dominant geworden ist, wird es zu physischen Manifestationen dieses Gedankens kommen, solange Du die Konzentration auf ihn beibehältst und ihn nicht durch einen anderen ersetzt.

Vergiss nicht:

- Von den Gedanken, die Du denkst, hängt es ab, was Du in Dein Leben ziehst.

- Du bekommst, worüber Du gewohnheitsmäßig nachdenkst, ob Dir das gefällt oder nicht.

- Deine Gedanken erzeugen Schwingungen, und diese Schwingungen rufen eine entsprechende Reaktion des Universums hervor, die auf dem *Gesetz der Anziehung* basiert.

- Wenn eine Schwingung sich ausdehnt und an Stärke gewinnt, bewirkt sie schließlich physische Manifestationen.

- Mit anderen Worten, was Du denkst (und daher auch fühlst) steht immer in Schwingungs-Harmonie zu dem, was sich in Deinem Leben manifestiert.

Keine Angst vor unkontrollierten Gedanken!

Anfangs bekommen viele Menschen Angst vor ihren eigenen Gedanken, wenn ihnen klar wird, wie das *Gesetz der Anziehung* funktioniert. (Letzteres begreifen die meisten Leute ziemlich schnell, denn die Beweise für das Wirken dieses Gesetzes begegnen Euch in Eurer Umwelt auf Schritt und Tritt!) Wenn die Leute die Arbeitsweise des Gesetzes begreifen und die Inhalte ihres Geistes untersuchen, neigen sie zunächst dazu, sich wegen der möglichen Konsequenzen ihrer unkontrollierten Gedanken zu sorgen. Aber es besteht kein Anlass zur Besorgnis, denn Gedanken sind nicht wie geladene Pistolen, die rasend schnell Verheerendes anrichten könnten. Obwohl das *Gesetz der Anziehung* höchst wirksam ist, beruht Eure gesamte Erfahrungswelt letztlich auf dem Prinzip des Wohl-Seins. Zwar sind Eure Gedanken magnetisch und dehnen sich aus, je mehr Aufmerksamkeit Ihr ihnen widmet. Aber Ihr habt, sobald Ihr eines negativen Gefühls gewahr werdet, reichlich Zeit, andere, sich angenehmer anfühlende Gedanken zu wählen und den Gang der Ereignisse so in positivere Bahnen zu lenken.

Daher solltest Du immer daran denken, dass der Strom des Wohl-Seins ewig fließt, auch wenn Du ihn durch Dein Denken bis zu einem gewissen Grad hemmen oder blockieren kannst. Schon wenn Du Dich nur ein wenig bemühst, Gedanken zu wählen, die sich besser anfühlen, wird Dir das spürbare Resultate bringen. Und ist Dir das einmal gelungen, gibst Du Dir dadurch die bewusste Freiheit, neue Wege zu beschreiten und alle Deine Träume zu verwirklichen. *Wenn Du gezielt einen anderen Gedanken wählst und bewusst wahrnimmst, wie Deine Gefühlslage sich dadurch verbessert, hast Du erfolgreich Gebrauch von Deinem Emotionalen Feedback-System gemacht. Das ist der Schlüssel zu der Freiheit, die Du Dir wünschst und die Du verdienst – denn es gibt nichts, was Du nicht sein, tun oder haben kannst.*

22. KAPITEL

Die Stufen Deiner Emotionalen Feedback-Skala

Man könnte sagen, dass unterschiedliche Emotionen unterschiedliche Schwingungs-Frequenzen haben, aber zutreffender ist Folgendes: Deine Emotionen sind *Indikatoren* Deiner jeweiligen Schwingungs-Frequenz. Führe Dir immer wieder vor Augen, dass Deine Emotionen anzeigen, in welchem Maße Du Dich in Schwingungs-Harmonie mit der Ur-Kraft befindest. Je besser Du Dich fühlst, desto offener bist Du und desto mehr befindest Du Dich in Harmonie mit Deinen Wünschen. Wenn Du Dir das immer wieder klar machst, wirst Du schon bald verstehen, wie Du mit Deinen Emotionen umgehen solltest.

Wenn Du Dich in völliger Harmonie mit der Ur-Kraft befindest, bist Du Dir der folgenden Tatsachen bewusst:

- Du bist frei.

- Du bist mächtig.
- Du bist gut.
- Du bist Liebe.
- Du bist wertvoll.
- Dein Leben hat einen Sinn.
- Alles ist gut.

Jedes Mal wenn Du Gedanken denkst, die Dich veranlassen, Dir Deiner wahren Natur bewusst zu werden, bringst Du Dich in Harmonie zur Ur-Kraft, Deinem Ursprung. Das Gefühl, das diese Gedanken in Dir wachrufen, ist das höchste Gefühl überhaupt, die Emotion des Offen-Seins, der Verbundenheit mit der Ur-Kraft. Um noch einmal auf unsere Automobil-Analogie zurückzukommen: Diese Emotion ist, als würde der Zeiger Deiner Tankuhr einen vollen Tank anzeigen.

Mit anderen Worten, stell Dir ein Anzeigeinstrument vor, dessen Skala den Grad Deiner Offenheit für die Ur-Kraft wiedergibt – vom Spitzenwert, Deiner völligen Offenheit für die Ur-Kraft, abwärts bis zum Punkt Deiner größten inneren Verschlossenheit und Abwehr.

Eine solche Skala der Emotionen sieht ungefähr wie folgt aus:

1. Freude/Wissen/Macht/Freiheit/Liebe/Wertschätzung
2. Leidenschaft
3. Begeisterung/Hingabe/Glücklichsein
4. Positive Erwartung/Glaube
5. Optimismus
6. Hoffnung

7. Zufriedenheit
8. Langeweile
9. Pessimismus
10. Frustration/Irritation/Ungeduld
11. »Kontra-Sein«
12. Enttäuschung
13. Zweifel
14. Sorge
15. Vorwürfe/Schuldzuweisungen gegen andere
16. Entmutigung
17. Ärger
18. Rachlust
19. Hass/rasender Zorn
20. Neid/Eifersucht
21. Unsicherheit/Schuldgefühle/Minderwertigkeitsgefühle
22. Furcht/Trauer/Depression/Verzweiflung/Ohnmacht

Da ein und dasselbe Wort oft in unterschiedlicher Weise gebraucht wird und verschiedene Worte oft ein und dasselbe bedeuten, sind die hier aufgeführten Bezeichnungen für Eure Emotionen möglicherweise nicht für jeden Menschen zutreffend. Wenn Ihr versucht, Eure Emotionen genau zu benennen, ist das oft eher verwirrend und lenkt vom eigentlichen Zweck der *Emotionalen Feedback-Skala* ab.

In erster Linie kommt es darauf an, dass Ihr nach besseren, angenehmeren Gefühlen strebt. Welche Namen Ihr den Gefühlen gebt, ist letztlich unwichtig.

Ein Beispiel, wie Du Dich auf der Emotionalen Feedback-Skala nach oben bewegen kannst

Angenommen, Du hast eine sehr unerfreuliche Erfahrung gemacht. Nun fühlst Du Dich in jeder Hinsicht miserabel, und jeder mögliche Gedanke erscheint gleich schmerzlich. Die beste Bezeichnung für diesen Gefühlszustand ist *Depression.*

Wenn Du Dich in irgendeine Aktivität stürzt, wirst Du Dich vielleicht besser fühlen. Wenn Du versuchst, das, was Dir zu schaffen macht, völlig aus Deinem Bewusstsein zu verbannen, könnte das ebenfalls bewirken, dass sich Deine Stimmung bessert. Es sind viele Gedanken denkbar, auf die Du Dich konzentrieren könntest, um Dich von Deiner Depression zu befreien. Doch schwingungsmäßig sind Dir die meisten von ihnen gerade jetzt nicht zugänglich. Wenn Du aber einfach nur einen Gedanken denken möchtest, irgendeinen Gedanken, der sich besser anfühlt als Dein jetziger, kannst Du Dich augenblicklich auf der *Emotionalen Feedback-Skala* nach oben bewegen. Dazu musst Du einfach einen Gedanken denken und dann bewusst auswerten, ob der neue Gedanke bewirkt, dass Du Dich besser fühlst als zuvor. Also denkst Du und fühlst, denkst und fühlst, mit nur einer einzigen Absicht: wenigstens ein klein wenig Linderung, eine kleine Verbesserung Deines emotionalen Zustandes zu verspüren.

Nehmen wir an, jemand hat etwas gesagt, worüber Du wütend bist, oder jemand hat ein Versprechen nicht gehalten. Nun konzentrierst Du Dich auf diese ärgerliche Angelegenheit und spürst dabei sofort eine leichte Besserung Deiner Depression. Mitten in diesem wütenden Gedanken stellst Du plötzlich fest, dass Deine Brust sich freier anfühlt und Du jetzt etwas weniger niedergeschlagen bist.

Um nun Dein *Emotionales Feedback-System* effektiv zu nutzen, ist der folgende Schritt entscheidend: Halte einen Moment inne und nimm bewusst zur Kenntnis, dass der von Dir gewählte Wut-Gedanke sich *besser* anfühlt als die lähmende Depression, die zuvor auf Dir lastete. Wenn Du Deinen verbesserten Schwingungszustand *bewusst* registrierst, lässt Dein Gefühl der Ohnmacht nach und Du bewegst Dich auf der *Emotionalen Feedback-Skala* aufwärts, dem Wohl-Sein entgegen!

Warum versuchen die Leute, mir meine Wut auszureden?

Vielleicht hast Du bereits instinktiv, unbewusst, entdeckt, dass Wut-Gedanken den durch hartnäckige Depression oder Angst verursachten Schmerz zu lindern vermögen. Doch immer wieder haben die Menschen in Deiner Umgebung Dir eingeredet, dass Deine Wut unangemessen sei. Natürlich können sie nicht in Dich hineinschauen und wissen nicht, welche emotionale Verbesserung die Wut für Dich darstellt. Wenn Du dann ihrem Rat folgst, Wut und Ärger zu unterdrücken, fällst Du wieder zurück in Deinen früheren depressiven Zustand. Wenn Du aber einmal bewusst erkannt hast, dass der von Dir gewählte wütende Gedanke Dir

Erleichterung verschaffte, dann kannst Du von der Wut auch gezielt weiter die Skala hinaufgehen, hin zu noch angenehmeren Gefühlen – bis Du Dich Schritt vor Schritt zur völligen Harmonie mit der Ur-Kraft emporbewegt hast.

Warum schon die kleinste positive Veränderung von solch großem Wert ist

Wenn Du Dir darüber im Klaren bist, wo Du gegenwärtig stehst und wo Du hinwillst, und wenn Du darüber hinaus weißt, wie Du feststellen kannst, ob Du Dich in die richtige Richtung bewegst ... dann kann Dich nichts mehr aufhalten. Der fälschliche Eindruck, keine Kontrolle über das eigene Leben zu haben, entsteht nur, solange Du keine Möglichkeit hast, zu überprüfen, in welche Richtung Du Dich bewegst. Ohne eine bewusste Wahrnehmung und Deutung Deiner Emotionen wird es immer wieder passieren, dass Du Dich ungewollt von dem angestrebten Zustand entfernst, statt Dich zu ihm hinzubewegen.

Es gibt viele Worte, um Emotionen zu beschreiben, aber im Grunde existieren nur zwei Emotionen: ein gutes Gefühl und ein schlechtes Gefühl. Und jede Stufe auf der Skala der Emotionen zeigt lediglich Deinen Grad der Offenheit für die reine, positive Ur-Kraft an. Der höchste Grad des Offen-Seins, der Verbundenheit, gekennzeichnet durch Gefühle der Freude, Liebe, Wertschätzung, Freiheit und Zuversicht, bedeutet, dass Du Dich mächtig fühlst, im vollen Besitz Deiner kreativen Kraft.

Und die unterste Stufe auf der Skala, charakterisiert durch Verzweiflung, Trauer, Angst oder Depression, bedeutet, dass Du Dich vollkommen ohnmächtig fühlst.

Schon die kleinste Besserung Deiner Gefühlslage, die Du *bewusst* und *gezielt* selbst herbeiführst, ist von enormem Wert, denn durch diese kleine emotionale Verbesserung erlangst Du ein Stück Kontrolle über Dein Leben zurück. Und auch wenn Du vielleicht noch nicht die volle Kontrolle wiedergewonnen, Dich noch nicht wieder vollständig für die Ur-Kraft geöffnet hast, so fühlst Du Dich doch nicht länger ohnmächtig. Von da an ist Dein Rückweg zur Spitze der Emotions-Skala nicht nur möglich, sondern sogar relativ leicht.

Nur Du weißt, ob es angemessen für Dich ist, Wut als Emotion zu wählen

Würde ein sehr depressiver Mensch bewusst erkennen, dass Wut-Gedanken ihm Erleichterung verschaffen, und, was noch wichtiger ist, könnte er begreifen, dass er den wütenden Gedanken *aus freien Stücken selbst gewählt hat,* würde er sofort ein Gefühl persönlicher Macht zurückerlangen, und seine Depression würde sich bessern. Natürlich ist es wichtig, dass er dann nicht in seinem wütenden Zustand stecken bleibt. Aber von der Wut aus hat er nun Zugang zum nächsten Gefühl auf der Skala, der Frustration, und von dort kann es weiter aufwärts gehen.

Viele Leute, die noch nichts vom Schwingungsgehalt der Emotionen verstehen (noch nicht einmal, was eine Emotion eigentlich ist und welche Funktion sie hat), raten entschieden davon ab, Wut nach außen zu projizieren. Die meisten Menschen fühlen sich in Gegenwart eines wütenden Menschen überhaupt nicht wohl und würden es in selbstsüchtiger Weise bevorzugen, dass der wütende Mensch zu seinem vorherigen ohnmächtigen depressiven Zustand zurückkehrt. Denn depressive Emotionen sind zumeist nach innen gerichtet, während Wut nach außen geschleudert wird und jeden treffen kann, der sich gerade in der Nähe befindet.

Andere Menschen können nicht wissen, ob die Wut-Gedanken, die Du gewählt hast, eine emotionale Verbesserung für Dich bedeuten. Nur Du selbst weißt, ob ein Gedanke für Dich jeweils angemessen ist – anhand der Erleichterung, die Du verspürst. Nur wenn Du bereit bist, Deine Gefühle als Kompass zu benutzen, kannst Du wirkungsvoll die Verwirklichung Deiner Wünsche ansteuern.

»Ich gebe mein Bestes – mit den Mitteln, die mir gegenwärtig zur Verfügung stehen«

Den Menschen in Deiner Umgebung ist vermutlich wohler, wenn sie wissen, dass Du nicht die Absicht hast, Deinen momentanen Wut-Zustand länger beizubehalten. Wenn sie wissen, dass Dein Vorhaben darin besteht, durch Deine Wut zur Frustration und von dort über das Kontra-Sein zum

Optimismus und zum Glauben vorzudringen, mit dem Endziel Freude und Liebe, würden sie mehr Geduld mit Dir haben.

Es gibt viele Leute, die ganz natürlich von den ohnmächtigen Gefühlen der Depression oder Angst hin zur Wut wechseln, als eine Art Überlebensmechanismus. Doch wenn ihre Angehörigen, Freunde und Berater mit Missbilligung reagieren, kehren sie rasch wieder zum Gefühl der Ohnmacht zurück. Dieser Zyklus wiederholt sich ständig: von der Depression zur Wut, von der Wut in die Depression …

Um das wunderbare Gefühl persönlicher Macht und Selbstbestimmung zurückzugewinnen, musst Du Dich dafür entscheiden, hier und jetzt, wie immer Du Dich momentan fühlen magst, Dein Bestes zu geben, mit den Mitteln, die Dir gegenwärtig zur Verfügung zu stehen. Wähle den sich am besten anfühlenden Gedanken, der momentan für Dich erreichbar ist. Wenn Du dies immer wieder tust, wirst Du Dich schon nach kurzer Zeit sehr wohl fühlen. So bist Du immer auf dem richtigen Weg!

»Wenn ich die richtigen Emotionen erreichen kann, kann ich alles erreichen!«

»Hier und jetzt werde ich danach streben, mich so gut wie möglich zu fühlen, indem ich den Gedanken wähle, der sich gegenwärtig am besten anfühlt. Ich werde mich ab jetzt immer besser und besser fühlen.«

Vergiss nicht:

- Heftiger Zorn fühlt sich besser an als Depression, Trauer, Verzweiflung, Angst, Schuldgefühle oder Ohnmacht.
- Rachlust fühlt sich besser an als heftiger Zorn.
- Wut fühlt sich besser an als Rachlust.
- Vorwürfe und Schuldzuweisungen gegen andere fühlen sich besser an als Wut.
- Kontra-Sein fühlt sich besser an als Vorwürfe und Schuldzuweisungen.
- Frustration und Ungeduld fühlen sich besser an als Kontra-Sein.
- Pessimismus fühlt sich besser an als Frustration.
- Hoffnung fühlt sich besser an als Pessimismus.
- Optimismus fühlt sich besser an als Hoffnung.
- Positive Erwartung fühlt sich besser an als Optimismus.
- Freude fühlt sich besser an als positive Erwartung.

Mit der Zeit und etwas Übung wirst Du sehr kompetent darin werden, die Botschaften Deines *Emotionalen Feedback-Systems* zu deuten. Wenn Du konsequent dabei bleibst, Dir immer wieder durch bessere Emotionen Erleichterung zu verschaffen, wirst Du Dich schließlich fast ständig gut fühlen. Damit öffnest Du Deinen Erfahrungsbereich für all die guten Dinge, die Du Dir wünschst und ersehnst.

»Aber was ist mit denen, die sich wünschen, wunschlos glücklich zu sein?«

Nennen wir das Wünschen oder Begehren doch einfach Erkennen neuer Möglichkeiten. Einen Wunsch zu haben ist ein frisches, freies Gefühl der freudigen Erwartung, der Expansion und Evolution. Wünschen und Begehren bedeutet eigentlich, den Fluss des Lebens in sich zu spüren. Viele Leute benutzen zwar den Begriff »wünschen«, empfinden aber etwas ganz anderes. Wünsche zu haben fühlt sich für sie wie eine schmerzliche Sehnsucht an, weil sie sich auf das Fehlen des Gewünschten konzentrieren. Zwar sprechen sie davon, dass sie sich etwas wünschen, aber tatsächlich strahlen sie eine *Schwingung des Mangels* aus. Das Gefühl, das sie mit dem Wünschen verbinden, bezieht sich auf den Zustand, etwas zu wollen, was man nicht hat. Reines Wünschen hingegen ist mit keinerlei Mangel-Gefühlen verbunden.

Wenn Du Dir also immer wieder ins Gedächtnis rufst, dass das Universum jede Bitte hört und erfüllt – dann werden alle Deine Wünsche völlig frei von hinderlichen Energie-Blockaden sein.

Viele Leute wünschen sich Dinge, die sie gegenwärtig nicht wirklich leben, und in manchen Fällen hegen sie diese Wünsche schon sehr lange. Sie denken also an das, was sie sich wünschen, und dann denken sie daran, dass sie es nicht haben und nicht wissen, wie sie es erlangen können. Mit der Zeit bekommen sie den Eindruck, dass die Emotion, die sie dabei empfinden, das ist, was man immer empfindet, wenn man sich etwas wünscht.

Aber sie befinden sich nicht im Zustand reinen Wünschens, sondern in einem Mangel-Zustand, bei dem ihre Wunsch-Kraft durch Gedanken des Zweifels geschwächt wird.

Ohne zu wissen, was sie da eigentlich tun, erzeugen sie eine Schwingung, durch die sie sich selbst von der Erfüllung ihrer Wünsche abschneiden. Und mit der Zeit gelangen sie zu der Überzeugung, dass dieses bedrückende Gefühl, nicht zu bekommen, was man sich wünscht, der normale Zustand ist, wenn man Wünsche hat.

Es sind schon Leute zu uns gekommen und haben gesagt: »Abraham, in der Kindheit wurde mir beigebracht, dass es schlecht ist, Wünsche zu haben. Man hat mir beigebracht, dass Wünsche meine spirituelle Entwicklung behindern und dass ich nur glücklich werden kann, wenn ich allen Wünschen entsage.« Darauf entgegnen wir: *Aber Du strebst doch nach Glück und willst spirituell sein. Ist das denn nicht auch ein Wunsch?*

Es ist nicht unsere Aufgabe, Dir zu raten, was Du Dir wünschen sollst. Wir möchten Dir vermitteln, dass Du der Schöpfer oder die Schöpferin Deiner eigenen Erfahrungen bist und dass Deine Wünsche vollkommen natürlich aus Deinen Erfahrungen in dieser Umwelt und in diesem Körper geboren werden. Unser Wunsch ist es, Dir dabei zu helfen, Schwingungs-Harmonie mit der Ur-Kraft zu erlangen, was Dich in die Lage versetzt, Deine Wünsche Wirklichkeit werden zu lassen.

Wir können verstehen, warum manche Leute Dir raten, Deine Wünsche aufzugeben, um Dich besser zu fühlen. Die mit dem Wünschen verbundenen negativen Gefühle rühren aber ausschließlich daher, dass Deine gegenwärtige Schwingung nicht mit den Schwingungen Deiner Wünsche harmoniert. Natürlich strebst Du nach Harmonie mit der Ur-Kraft und Deinem wahren Selbst. Dadurch, dass Du Deine Wünsche aufgibst, lässt sich diese Harmonie jedoch nur sehr schwer erreichen, weil das gesamte Universum darauf ausgerichtet ist, immer neue Wünsche in Dir zu wecken. Viel leichter kannst Du daher in Einklang mit der Ur-Kraft kommen und Dich entsprechend gut fühlen, wenn Du daran arbeitest, Deinen inneren Widerstand abzubauen, der der Erfüllung Deiner Wünsche und dem freien Fließen der Universalen Energie in Deinem Leben im Weg steht.

Fühlt sich Dein Wunsch wie der logische nächste Schritt an?

Deine Vorstellungskraft wird Dir helfen, Dir darüber klar zu werden, was als Nächstes zu geschehen hat. In Deiner Imagination kannst Du Deine Pläne auf Fehler überprüfen. Du kannst zunächst alles in Ruhe vor Deinem inneren Auge entwerfen, bis Dein großer Traum sich so vertraut anfühlt, dass die physische Manifestation ganz einfach der nächste logische Schritt ist.

Da dachte beispielsweise eine Mutter darüber nach, gemeinsam mit ihrer erwachsenen Tochter ein hübsches Haus in landschaftlich schöner Umgebung zu kaufen, um daraus eine wundervolle Ferienpension zu machen. Die Tochter sagte zu ihrer

Mutter: »Wenn es doch nur einen Weg gäbe, wie wir diesen Traum verwirklichen können. Dann würde ich bestimmt für den Rest meines Lebens glücklich sein. Es wäre ein Ausgleich für all meine anderen Wünsche, die niemals in Erfüllung gegangen sind.«

Wir erklärten der Tochter, dass die Schwingung ihres Wunsches noch nicht so rein war, wie es zur Manifestation dieses Traumes erforderlich war. *Wenn Dein Wunsch sich so gewaltig anfühlt, dass Du ihn für unerreichbar hältst, ist seine Manifestation noch in weiter Ferne. Fühlt es sich für Dich aber so an, als sei die Verwirklichung Deines Wunsches der nächste logische Schritt in Deinem Leben, dann steht seine Manifestation kurz bevor.*

Hast Du erst einmal das Gefühl erlangt, selbst die Kontrolle über Deine Erfahrungen auszuüben, sind alle Freuden des Lebens Dein!

Daran, wie Du Dich *fühlst,* kannst Du ablesen, ob Deine Schwingungsfrequenz es erlaubt, dass die Mächte des Universums Dir das Gewünschte liefern … oder nicht. Mit etwas Übung wirst Du genau sagen können, ob die Manifestation, die Wunscherfüllung, kurz bevorsteht oder ob die Angelegenheit sich noch in einem sehr frühen Stadium befindet. Vor allem aber gilt: *Hast Du einmal die Kontrolle über Deine Gefühle erlangt, steht der Erfüllung all Deiner Wünsche nichts mehr im Wege!* Dann

- wirst Du die Vielfalt der irdischen Erfahrung genießen, die Dir hilft, Deine Wünsche zu identifizieren. Und Du wirst Dich daran erfreuen, wie sich Deine Wünsche anfühlen, die aus Deiner wertvollen individuellen Perspektive geboren werden und von Dir hinaus ins Universum fließen.

- wirst Du Dich am Gefühl Deiner wachen Bewusstheit erfreuen, die Dir zeigt, wenn Du Dich nicht in Schwingungs-Harmonie mit Deinen Wünschen befindest, und Du wirst Dich daran erfreuen, wie gut es sich anfühlt, Dich bewusst wieder in Schwingungs-Harmonie mit Deinen Wünschen zu bringen.

- wirst Du erleichtert erleben, wie alle Deine Zweifel verschwinden und dem sicheren Gefühl reinen Wohl-Seins weichen.

- wirst Du voller Freude zukünftige Dinge erspüren und zugleich feststellen, dass sich in Deinem Leben alles auf ideale Weise zu fügen beginnt, und staunend wirst Du die Manifestation Deiner Wünsche erleben.

- wirst Du das faszinierende Gefühl genießen, Deine Wünsche ganz konkret und materiell ausgestalten und realisieren zu können, ganz so, wie ein Bildhauer nach seinen eigenen Vorstellungen mit den Händen eine Plastik formt.

- wirst Du Dich des herrlichen Gefühls erfreuen, immer wieder neu in Harmonie mit der Ur-Kraft zu gehen und die Früchte Deiner Kreativität zu genießen.

Das gesamte Universum existiert, um neue, Leben spendende Wünsche in Dir hervorzubringen, und wenn Du Dich vom Strom Deiner Wünsche tragen lässt und stets nach Erfüllung strebst, wirst Du Dich wahrhaft lebendig fühlen – und wirklich leben.

Glossar

Alles-Was-Ist (All-That-Is): die Ur-Kraft, aus der alle Dinge hervorgehen; und alle Dinge, die aus dieser Ur-Kraft hervorgehen.

All-Gute, das (All Is Well): Die Grundlage von Allem-Was-Ist ist Wohl-Sein. Es gibt im Universum keine Existenzgrundlage für irgendetwas anderes als Wohl-Sein. Wenn Du den Eindruck hast, gegenwärtig etwas anderes als Wohl-Sein zu erleben, liegt das ausschließlich daran, dass Du selbst eine Perspektive gewählt hast, die Dich vorübergehend vom natürlichen Fluss des Wohl-Seins isoliert.

Bewusste Schöpfung (Deliberate Creation): sich auf eine Absicht konzentrieren, während man sich gleichzeitig des eigenen Schwingungs-Zustandes und seiner Verbindung zur Ur-Kraft bewusst ist.

Bewusstsein (Consciousness): Bewusstheit.

Bewusstseins-Strom (Stream of Consciousness): Der sich ewig ausdehnende Schwingungs-Strom, aus dem alles hervorgeht, was existiert.

DU (You, großgeschrieben): Ein Ewiges Bewusstsein, das den völligen Überblick hat über Deine größere, Nicht-Physische Perspektive, Deine physische Perspektive und sogar Deine körperlich-zellulare Perspektive.

Emotion (Emotion): Die physische Reaktion Deines Körpers auf Deinen Schwingungs-Zustand, der wiederum davon abhängig ist, worauf Du Deine Aufmerksamkeit richtest.

Emotionaler Set-Point (Emotional Set-Point): Der emotionale Zustand, in dem Du Dich am häufigsten befindest.

Emotionales Feedback (Emotional Guidance): Deine Emotionen zeigen zuverlässig an, was Du in Dein Leben ziehst, je nachdem, auf welche Dinge Du Deine Aufmerksamkeit richtest.

Energie (Energy), Nicht-Physische: Das Fliessen jenes elektrischen Stroms, der die Grundlage bildet von allem, was existiert.

Energie-Fluss (Energy Stream): Der elektrische Strom, der die Grundlage bildet von allem, was existiert.

Essenz (Essence): Schwingungs-Übereinstimmung zwischen verschiedenen Wesen.

Evolutionäres Denken (Leading Edge of Thought): Ein Zustand des entspannten und gezielten Nachsinnens über neue, fortschrittliche Ideen. Die fröhliche Bereitschaft, Neues zu entdecken und neue Wege zu gehen.

Feedback-System (Guidance System): Vergleichen Deines energetischen Zustandes, wenn Du Dich in Einklang mit der Ur-Kraft befindest, mit Deinem energetischen Zustand, wenn Du Dich nicht in Einklang mit der Ur-Kraft befindest.

Gesetz der Anziehung (Law of Attraction): Die Grundlage Deiner Welt, Deines Universums und von Allem-Was-Ist. Dinge, deren Schwingungs-Frequenz übereinstimmt, ziehen sich gegenseitig an.

Gesetz der Bewussten Schöpfung (Law of Deliberate Creation): Gezielte gedankliche Konzentration mit dem Ziel, sich im Einklang mit den eigenen Wünschen zu fühlen.

Gesetze (Laws): Die ewig gleichen Reaktionen des Universums auf das, was Nicht-Physische oder physische Wesen denken und tun.

Inneres Sein (Inner Being): Der ewige Teil von Dir, der alles wahrnimmt, was Du jemals warst, und alles, was Du gegenwärtig bist. Diese Perspektive ist Dir jederzeit zugänglich, Du musst Dich nur dafür »öffnen«.

Kollektives Bewusstsein (Collective Consciousness): Alle Gedanken, die jemals gedacht wurden, existieren noch immer. Alle wahrnehmenden Wesen haben Zugang zu allem, was wahrgenommen wird oder jemals wahrgenommen wurde. Diese Gesamtheit aller Gedanken existiert als Kollektives Bewusstsein.

Kontra-Sein (Overwhelment): Konflikthafter Zustand, in dem Du Dich auf etwas Gewünschtes konzentrierst, aber gleichzeitig unfähig bist, es zu erlangen.

Kunst des Sich-Öffnens, die (Art of Allowing): Die Praxis, die Objekte, auf die Du Deine Aufmerksamkeit richtest, bewusst danach auszuwählen, wie Du Dich dabei fühlst. Indem Du bewusst Gedanken wählst, die sich gut anfühlen, bringst Du Dich in Einklang mit der Ur-Kraft und erlangst Wohl-Sein.

Lebens-Kraft (Life Force): Ewiges Bewusstsein, das in spezifischer Weise fokussiert ist.

Massenbewusstsein (Mass Consciousness): Die gemeinsame Bewusstheit einer großen Zahl wahrnehmender Wesen. In der Regel ist damit die gemeinsame Bewusstheit der physischen Erdenmenschen gemeint.

Meditation (Meditation): Zustand, in dem Dein Bewusstsein zur Ruhe kommt, sodass keine widerstreitenden Gedanken mehr Deiner Schwingungs-Harmonie mit der Ur-Kraft im Wege stehen.

Nicht-Physische, das (Non-Physical): Ewiges Bewusstsein, das die Grundlage alles Physischen und alles Nicht-Physischen bildet.

Offen-Sein (Receiving Mode): Ein Schwingungs-Zustand, in dem es keinen inneren Widerstand gibt, sodass vollkommene Harmonie mit der Ur-Kraft besteht.

Schöpfer (Creator): Jemand, der Schöpfungs-Energie gezielt einsetzt.

Schöpferische Lebenskraft (Creative Life Force): Der elektrische Strom, der die Grundlage bildet von allem, was existiert.

Schöpfungs-Energie (Creative Energy): Der elektrische Strom, der die Grundlage bildet von allem, was existiert.

Schöpfungs-Prozess (Creative Process): Gezielte Lenkung des elektrischen Stromes, der die Grundlage bildet von allem, was existiert, in Richtung bestimmter Ideen oder Absichten.

Schwingung (Vibration): Die entweder harmonische oder disharmonische Reaktion aller Dinge untereinander.

Schwingungs-Frequenz (Vibrational Frequency): Ein Schwingungszustand.

Schwingungs-Harmonie (Vibrational Alignment, Vibrational Harmony oder Vibrational Match) Zustand, wenn zwei oder mehr Wesen oder Dinge in der gleichen Frequenz schwingen. Auch: Der Zustand, in dem die Perspektive zweier oder mehrerer Wesen sich in Übereinstimmung befindet.

Sich-Öffnen (Allowing): Zustand des Einklangs mit dem Wohl-Sein, das aus der Ur-Kraft entspringt. Diesen Zustand rufst Du hervor, indem Du Dich auf Dinge konzentrierst, die Dich innerlich »offen« machen für Deine natürliche Verbindung zur Quelle allen Wohl-Seins. Zwischen dem Sich-Öffnen und dem Tolerieren oder Ertragen besteht ein großer Unterschied. Wenn Du etwas tolerierst oder erträgst, siehst Du, was Du nicht willst, und fühlst die Schwingungsfrequenz dieser Perspektive, unternimmst aber nichts, um diesen Zustand zu verändern. Sich-Öffnen bedeutet dagegen, bewusst nur dem Aufmerksamkeit zu schenken, was Dich in Schwingungs-Harmonie mit der Ur-Kraft bringt. Wenn Du Dich im Zustand des Sich-Öffnens beziehungsweise des Offen-Seins befindest, fühlst Du Dich immer gut.

Selbst, das (Self): Ausgangspunkt jeglicher Bewusstheit. Ausgangspunkt aller Arten von Wahrnehmung.

Totales Du (Total You): Du, in Deiner menschlichen Form, wenn Du Dich gut fühlst und somit keinen inneren Widerstand erzeugst, durch den Du Dich selbst von Deinem wahren Wesen abschneidest.

Universum (Universum): Eine mehr oder weniger quantifizierbare räumliche Erfahrung.

Ur-Kraft (Source): Der sich ewig ausdehnende Schwingungs-Strom des Wohl-Seins, aus dem alles hervorgeht, was existiert.

Ursprungs-Energie (Source Energy): Der sich ewig ausdehnende Schwingungs-Strom des Wohl-Seins, aus dem alles hervorgeht, was existiert.

Verbunden-Sein (Connection): Sich in Schwingungs-Harmonie mit der Ur-Kraft befinden.

Wesen (Being): Teil der Ur-Kraft, der eine klar definierte Perspektive einnimmt. Ein Nicht-Physisches Wesen ist Universales Bewusstsein, das aus einer Nicht-Physischen Perspektive wahrnimmt. Ein physisches Wesen oder ein menschliches Wesen ist Nicht-Physische Energie, die aus einer physischen Perspektive wahrnimmt.

Wohl-Sein (Well-Being): Der universale natürliche Wohlfühl-Zustand.

Wohl-Seins-Strom (Stream of Well-Being): Der sich ewig ausdehnende Schwingungs-Strom, aus dem alles hervorgeht, was existiert.

Wollen (Wanting): Natürliche Wünsche, die aus jeder vergleichenden, kontrastierenden Erfahrung entstehen.

Wunsch (Desire): Das natürliche Resultat eines Lebens in einer aus Kontrasten und Gegensätzen bestehenden Umwelt. (*Alle* Umwelten bestehen aus Kontrasten und Gegensätzen!)

Allegria

Ein bescheidener Vorschlag zum Verständnis von allem

ERVIN LASZLO
Zu Hause im Universum
Ein bescheidener Vorschlag zum Verständnis von allem
ca. 272 Seiten
€ [D] 20,– / € [A] 20,60 / sFr 35,–
ISBN 3-7934-2002-7

Zu Beginn des 21. Jahrhunderts zeichnet sich in der Wissenschaft ein neues Weltbild ab, eine ganzheitliche Sicht des Universums, in der alle Phänomene der Wirklichkeit miteinander verknüpft sind. Zum ersten Mal ist tatsächlich eine Theorie in Reichweite, die uns alles erklärt. Ervin Laszlos Buch führt uns in einfacher Sprache und mit klar nachvollziehbarer Argumentation in diese Theorie ein, indem er uns das Universum als Einheit zeigt – verbunden in einem kosmischen Informationsfeld, das Laszlo nach der hinduistischen Vorstellung der Akasha-Chroniken, in denen alles Wissen der Welt aufgezeichnet ist, als das »A-Feld« bezeichnet. Seine Vision der universellen Verbundenheit ist ein Beitrag der Hoffnung in einer Zeit, die sich in globaler Zerrissenheit und gewaltsamen Gegensätzen zu verlieren droht.

Allegria

Das Geheimnis der Maria Magdalena – das Schlüsselbuch aus Dan Browns »Sakrileg«

MARGARET STARBIRD
Die Frau mit dem Alabasterkrug
Das Geheimnis der Maria Magdalena
28 Farbtafeln
ca. 272 Seiten
€ [D] 20,– / € [A] 20,60 / sFr 35,–
ISBN 3-7934-2003-5

Margaret Starbird untersucht den Ursprung und Hintergrund der Ketzerbewegung um den Heiligen Gral, deren Anhänger im Mittelalter glaubten, daß Jesus verheiratet war und seine Frau mit seinem Kind nach Südfrankreich floh. Zahlreiche Legenden, Kunstwerke und Schriften des Mittelalters zeugen von einem »alternativen Christentum«, das dieser Glaubensvorstellung anhing und von den Inquisitoren der römischen Kirche im 13. Jahrhundert brutal ausgerottet wurde. Aber die »Häresie« dieser Christen überlebte im Untergrund durch ein Netzwerk von Künstlern, Gelehrten und Alchimisten – sie alle verehrten eine »weibliche Göttlichkeit«, verkörpert in der Gestalt der Maria Magdalena, der Witwe des Jesus von Nazareth. Die Spuren der »Magdalenen-Verehrung« finden sich in der Kunst, der Heraldik, der Mythologie, aber auch in der Bibel selbst. Margaret Starbirds Buch wurde zu einer der Anregungen und Hauptquellen für Dan Browns Bestseller *Sakrileg*.

Allegria

*Warum wir lernen müssen,
mit dem Herzen zu denken,
wenn wir
eine Zukunft
haben wollen*

PIERO FERRUCCI
Nur die Freundlichen überleben
Warum wir lernen müssen, mit dem Herzen zu denken, wenn wir eine Zukunft haben wollen
ca. 260 Seiten
€ [D] 20,– / € [A] 20,60 / sFr 35,–
ISBN 3-7934-2001-9

Freundlichkeit ist eine besondere menschliche Qualität, die für unser Überleben eine entscheidende Bedeutung hat. Piero Ferrucci zeigt in seinem Buch, daß nicht Durchsetzungskraft und Stärke die wichtigsten menschlichen Eigenschaften sind. Er stellt den falsch verstandenen Pseudo-Darwinismus vom Kopf auf die Füße und beweist uns, die Natur steht auf der Seite der Freundlichen und Hilfsbereiten. Wärme, Nächstenliebe und Verzeihen sind die eigentlichen Überlebenskräfte des Menschen.

Wer sich dieses Buch zu Herzen nimmt, dem erschließt sich eine Lebensperspektive, die ihn reicher, glücklicher und lebenstüchtiger macht, als seine Vorstellung es bisher erlaubte.